Forever Chic

フランス人が何気なくやっている
シンプル・シックな36の法則

ティシュ・ジェット
藤沢ゆき　訳

GENTOSHA

はじめに

「引っ越しするわよ！　フランスに行くことになったの、二年間」

わたしは八歳になる娘のアンドレアに告げました。「インターナショナル・ヘラルド・トリビューン」紙のファッション担当編集者であるわたしにとって、フランスは憧《あこが》れの赴任先です。

でも、娘の口から出てきたのは「行かない」というそっけない返事。

「あら、どうして？　すてきじゃない！」。説得に乗り出したわたしの声は上ずっていました。

「フランス語もしゃべれるようになるし、すばらしい経験じゃない？　かわいい猫ちゃんだって飼えるのよ！　いつかきっと、来てよかったと思えるようになるわ」

結局、アンドレアはニューヨーク州ベッドフォードのお友だちにさようならを言い、

わたしは地元の動物愛護協会から譲り受けた大型犬三頭の渡航手続きを済ませ、一家揃《そろ》ってフランスへ冒険の旅に出発しました。

あれからもう二十五年あまり。

まだ三十代だったわたしも、かなりの年齢となってしまいました。

ところが、若い頃には思ってもみなかった声が聞こえてきます。フランスに来て最初に親しくなった友人、アンヌ＝フランソワーズ・ド・サン・シエン・エンネルいわく、フランスでは、女性は年を重ねるごとにますます輝きを増し、ミステリアスで魅力的になると考えられているのだと。

だとすれば、今のわたしは女性のワンダーランドのまっただ中にいる、と言えるでしょう。

確かに、わたしの周りには、年齢を超えたエレガンスを身につけた、お手本としたい女性ばかり。

年齢など気にする様子もなく、ますますエレガントにスタイリッシュに、現在の自分を最高に美しく見せています。シンプルでシックな生き方。食べるものに気を配り、体重をチェックし、アルコールを控え、運動を欠かさず、毎日を溌剌《はつらつ》と生きているフランスのマダムたち。

どんな秘訣があるのか、それを探ってみることにしました。

探っていくうちにまず、「美しく見えることは最大の自信である」という言葉の意味が理解できるようになりました。年齢なんか関係ない。自尊心と喜びがすべてなのだと。

外見が整うと女性には自信が生まれ、その自信がさらなる魅力を引き出します。

フランスのマダムに際立っているのは、いくつになっても美しい、その立ち居振る舞いと身のこなし。

それがあるから、何でもない地味な服装もナチュラルでシックな装いに見えてしまうのでしょう。不自然なわざとらしさや違和感のない装いに。たとえ陰でどんなに努力していようと——努力しているときはなおさら——それをうかがわせることなく。

第二の秘訣。フランスのマダムがあのように輝いているのは、自分の外見をありのままに受け入れ、磨きをかけ、完璧《かんぺき》を目指しながら、内面の豊かさを求めて常に心を養っているからです。

外見は個性を創り出しますが、それだけでは十分とは言えません。ウィットや魅力、豊かな知性に裏打ちされたものでなくてはならない。加えてエレガンスがあれば、鬼に金棒です。

最近話題になった本を読み、最新の映画を観て、開催中の展示会を訪れ、会話の中に歴史的知識をちらちら織り交ぜることのできる女性。すてきでしょう？

生涯を通して魅力的であり続けることは、もはや芸術の域に達するほど難しいのかもしれません。でも、それを学び取ることは誰にでもできます。このわたしが実践しているように。この本で、わたしの知るすべてをお伝えします。

四十歳の坂を越えたらあとは一直線だとしたら？　それが人生というもの。問題は年齢という数字ではない――フランス女性はそのことをよくわかっているのです。

すばらしい人生とは、シンプルで、知的で、心豊かな生き方のこと。現実と生きる喜びとの見事な融合です。人生には現実という避けることのできない困難がありますが、幸せを感じたり楽しんだりしてはならないという縛りはありません。

本書『フランス人が何気なくやっているシンプル・シックな36の法則』は四十代を迎えた女性をはじめ、年齢に関係なくすべての女性に向けて著したものです。

あなたが、そして、わたしたちが着るものや使うもの、楽しむものを選ぶとき、具体的にどのような選択をしたらいいのか。ご紹介する生活習慣、秘訣、商品、向き合う姿勢、助言の数々、ワードローブ造りなどはすべて、フランス生活でのわたしの実体験に基づいて書きました。

フランスのマダムたちの魅力の秘訣を、みなさまに余すところなくご紹介できますように！

フランス人が何気なくやっているシンプル・シックな36の法則

Forever Chic ——目次

はじめに 3

PART1

毎日をていねいに迎える

1 シンプルでないと、すっきり暮らせない 16

2 かわいいことがすべてじゃない 19

3 哲学も美術史もわかっていてこその美人 22

Column★1 **いつまでもおしゃれでいるためのシンプル・シック10の秘訣** 25

4 自分を大切にする「ノー」のひと言 28

PART2

体の内側も外側も磨き上げる

5 見えないところでも手を抜かない 32
6 フランス女性は皮膚科医がお好き 34
7 美しい肌は質のよい食べものから 38
8 シャンパンはほんの一杯だけに 40
Column★2 **たっぷりの化粧水で肌は目覚める** 43
Column★3 **おやすみ前はとにかく保湿！** 45
Column★4 **週一回のスペシャルケアで最高のしっとり感** 47
9 ゴマージュで全身すべすべ肌に 48
Column★5 **こんなときはどうする？** 52
10 ネイルが剥げたままなんてありえない！ 54
11 つま先のお手入れはサロンにおまかせ 56

12 メイクはとことんナチュラルに 59

13 フランス女性のメイク用品あれこれ 61

ファンデーションは手のひらで選ぶ

健康的な肌はブロンジング・パウダーで

アイラインでくっきり目元に

口紅は昼と夜で使い分け

チークはパウダーがおすすめ

14 香水で「忘れられない女」になる 69

Column★6 **このメイクであなたもシンプル・シックなフランス女性に！** 74

15 艶々の髪は惜しみない投資のリターン 77

16 最良の美容師に出会うとっておきの方法 81

Column★7 **カリスマ美容師が教えるカラーの秘訣** 83

17 ぺしゃんこ髪になる残念な習慣 85

PART3

おいしく食べて、楽しく運動

18 フランス女性は太らないって本当？ 88
Column★8 **フランス流おすすめヘルシーレシピ　ビネグレット・ソース** 91
19 おいしくて体にいい食事がいちばん 92
20 どうしても食べたくなったら熱い紅茶を 96
21 それでもチョコレートが欲しくなったら 99
22 食べても飲んでもいいトップモデル・ダイエットって？ 102
Column★9 **無理なく続けられるフランス式食事法** 105
23 体形を維持する食との向き合い方 108
24 エクササイズでしなやかボディに 110

PART4

見られることで女は美しくなる

25 だらしない格好で外に出ちゃダメ！ 114
26 上質な服は三十年だって着こなせる 117
27 全身ブランド品なんてつまらない 123
28 いつまでもシックな装いを保つには？ 127
29 最高のワードローブを造る三つの質問 130
30 真の美しさはまず自分を知ることから 133
31 着心地のよさはスタイリッシュの条件 139
32 アクセサリーで個性は無限に広がる 144
33 組み合わせで「最先端」をアピール 148
結婚式にこそすてきな帽子を
バッグは自分のスタイルで選ぶ
靴は修理で何度も生まれ変わる

34 手入れすればいつまでも輝き続ける 158
ジュエリーの着けすぎにご用心
ベルト代わりにスカーフを
35 ランジェリーが期待と予感を高める 166
36 楽しく生きることで、若さは保たれる 171

おわりに 173

シンプル・シックなライフスタイル・リスト 179

ブックデザイン◉石川直美（カメガイ デザイン オフィス）
カバー・本文イラスト◉zzveillust/Shutterstock.com
協力◉オフィス宮崎
DTP◉美創

PART 1

毎日を
ていねいに迎える

1

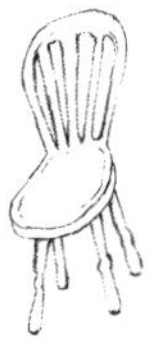

シンプルでないと、すっきり暮らせない

「フランス女性との親交と観察から学んだことで、ひとつ挙げるとしたら何ですか？」と訊《き》かれたら、わたしはいつもこう答えています。

「小さな努力の積み重ねが大きくなって戻ってきます。毎日心を込めて食卓を調えること。朝起きて、服を着て、すっきりと新しい一日を迎えること。すべてです」

友人のアンヌ＝フランソワーズには、子供が六人、孫が十二人います。インテリア・デザイナーという仕事を持ち、大きな家を二軒も持っている働き者ですが、自分のことを怠け者だと言っています。だから、きちんと整理しておかないとやっていけないのだと。

「めちゃくちゃだったら何もできなかったわ」

リネン室やキッチンの戸棚がどうなっているのか、中をのぞかせてもらったことがあります。すべてが使いやすく、しかも美しく整頓《せいとん》されていました。棚にはきれいな紙を貼り、糊《のり》のきいたシーツの間にはラベンダーの匂《にお》い袋を忍ばせて。お祖母《ばあ》様が使っていたというシーツは、いまだ新品のように真っ白でした。

「ええ、整理整頓は得意よ。きちんとしているほうでしょうね。でも、そうしておかないと時間がもったいないの。きちんとしているおかげで本を読んだり、フェイシャルに行ったり、こうしてあなたとおしゃべりもできるわけだから」

とはいえ、彼女は整理整頓マニアというわけではありません。楽々こなしているように見せてしまうのです。ディナー・パーティから装いやお化粧まで。

それができるのも、舞台裏の小道具がいつでも使えるようにきちんと整頓されているからでしょう。

スリムな体形も昔と少しも変わらず、今でも若い頃の服がそのまま着られるほど。シーツを手入れしながら長持ちさせているのも彼女にとっては当たり前のことで、特別なことではありません。同じことはワードローブについても言えます。

「服は手入れをしながら大事に着ているわ。だって、自分に似合うものは着ていて気分もいいし、大切にしたいから。高かったものもあるし。でも六〇年代から七〇年代のものはもう無理だから娘に譲るわ。若づくりが過ぎるのはちょっとね。シャツドレスやスカート、それにジャケットやワンピースの中には三十年以上着ているものもあるのよ。でも体重は変わらなくてもどこか違ってくる。そんなときは仕立屋に行くか着方を変えるわ。シャツドレスのウェストのボタンがはまらなくなったら、軽いコートとしてTシャツとジーンズの上に羽織るとかね」

淡いブルーのデニムのシャツドレスをそのようにして着ているのを見ましたが、とてもすてきでした。

フランス女性の自律心は、目に見えるものに対してだけ発揮されるわけではありません。それは生きていくための指針のひとつであり、親から子へと継承されていく遺産の一部なのです。だからといって脇目《わきめ》も振らずに、というのではありません。どんなに自律心のある女性でも、時には身も心も解放して人生を思い切り楽しみます。フランス語の〈ジョワ・ド・ヴィーヴル〉、生きる喜びという言葉を思い出してください。チョコレートケーキもシャンパンもない人生だったら、どう楽しんだらいいのでしょう?

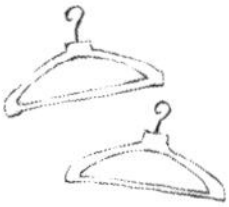

2

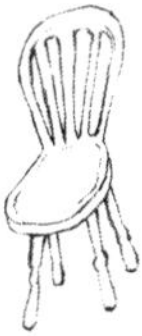

かわいいことがすべてじゃない

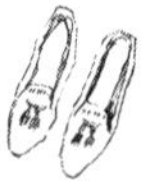

最近開かれた友人同士のディナー・パーティで、ホスト役のマレシャルとわたしの間で話に花が咲きました。

加齢、美しさ、魅力、ソクラテス（本当に話したんです！）、セックス、政治。フランスのパーティでの典型的なトピックです。

マレシャルは言いました。自分の意見や考えのない二十五歳のとびきりの美人より、エレガントで溌剌《はつらつ》とした魅力的な八十五歳の隣に座りたいと。

「そうした女性の経験を聞いて、きらきらする目を見ていると楽しくなるんだ。頭の空っぽな若い美人は退屈でね。年齢ってやつには、意味がないと思うんだ」

テーブルの反対側に座っていた、わたしの夫もまさに同じ意見でした。

フランスではよく、年齢や美の「基準」からはずれた個性的な輝きを放つ女性を愛称で呼ぶことがあります。たとえば〈La Beauté du Diable〉。「悪魔の美しさ」という意味のこの言葉は、ブリジット・バルドーの魅力を表すために使われてきました。まばゆいほどのきらめきを放って一瞬のうちに燃え尽き、ヒュッと消えてしまう。若さの持つそんな美しさを表現しています。

そして、ジョリー・レイド。有名なソーシャライト、ジャクリーン・ド・リブのように美人ではないけれども魅力ある女性のことです。

何人か名前を挙げましょう。エディット・ピアフ、コレット、ジョルジュ・サンド、シャルロット・ゲンズブールと異父妹のルー・ドワイヨン。もちろんココ・シャネルもこのグループに入ります。一般的な美の定義にあてはまらない個性が人を惹きつけるのです。

それぞれが自身のイメージの中で自分を見事に表現しました（ゲンズブール姉妹は今も）。ひとりとして若さや美の型にはまろうとせず、あるがままの自分でいることに精神的にも肉体的にも満足して生きているのです。

こうした女性たちは「美」についても独自の考え方をしています。彼女たちは、

「女性に必要な武器はかわいらしさ」と単純に思い込んでいる、いわゆる「かわいい」女性たちよりはるかに魅力的なのです。

幼い少女でも大人の女性でもフランス人なら誰でも、「かわいいことがすべてではない」とわかっています。

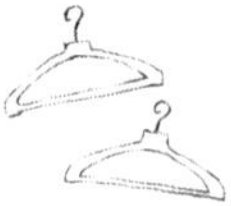

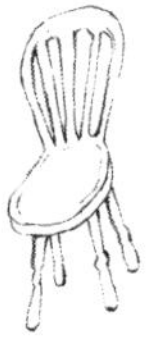

3

哲学も美術史も わかっていてこその美人

中身のないスタイルは、うわべだけで退屈。フランスでは、本物のスタイルは、教養や知性、軽妙なウィット、文化に対する深い理解などに裏打ちされた強固な基盤の上に築かれていなければなりません。楽しい会話力も必要です。

美とは、自分自身で学び続け、新しいものを常に吸収し続けること。言い換えれば、それが永遠の若さを保つ秘訣なのです。教養あふれる賢い振る舞いで、想像力をかき立ててくれる女性――すてきですよね。

歴史の裏話はよくディナー・パーティの話題になります。楽しい会話は忘れられない思い出となります。

あるパーティで、ルイ十三世やルイ十六世の肖像画で最も本物に近いのはどれかという話で盛り上がったことがあります（今は亡き国王を見たことがある人がいるかは謎《なぞ》ですが）。

集まった仲間たちは、ポトフと二〇〇〇年のシャトー・ポイヤック・ド・ラトゥールを楽しみながら、やれ鼻の大きさがどうだ、顎《あご》がどうだと口々にしゃべっているのです。

フランスのパーティって、すばらしいと思いませんか？

哲学を高等学校の必須科目とし、バカロレアの受験科目としている国であれば、いくつになっても会話を楽しみ、日常の関心事から難解な哲学まで、議論を戦わせて当然と言えるでしょう。

社交の場で唯一話題とされないのは宗教です。人の感情を害する恐れのある話題はタブー。礼儀を重んじるフランス社会では、人を傷つけてはならないのです。話題にすることでショックを受ける人がいるかもしれない。それを考えておかなければいけません。

そこでテーブルに上るのがセックスと政治。そう、メニューにいつもあるのはちょっと色っぽいゴシップです。ゴシップはかつて宮廷人たちも大好きでした。

お金や仕事、社会的地位については、アメリカ人ほど自由闊達《かったつ》に話し合うことはありません。それでも、社交上の礼儀を守りながら慎重すぎるほどの言いまわしで触れることはあります。

会話の話題が何になろうと、それについていけるだけの知識と教養を日頃から身につけておかなければなりません。フランス女性にはそれができています。

自分の意見を持って、活発に討論に参加できる女性は（男性も）生き生きと輝いています。

Column★1

いつまでもおしゃれでいるための
シンプル・シック10の秘訣

若さとエレガンスを約束する10の秘訣をご紹介します。
さあ、一緒に好循環の輪を広げていきましょう。

①**姿勢を正しく**……頭をまっすぐ、肩を引いて、胸を張りましょう――立っているときも、歩いているときも、座っているときも（体の線が美しく、装いもすてきに見えます。違いを感じてください。心にも体にも）。

②**ナチュラルに**……控えめなメイク、体の動きに合わせて揺れる髪、自然でなにげない振る舞い（服装やアクセサリーを控えめに。やりすぎ感が出ると野暮ったく、型にはまって見えます）。

③**ケアに時間とお金を**……自分に投資してください。フランス女性のように（思い悩まず、今すぐ実行に移しましょう）。

④**こだわりを捨てる**……納得できないときは気持ちを整理して、先へ進みましょう（いつまでもくよくよ考えているとシワが増えるだけです！）。

⑤**あなたは世界にひとりだけ**……自分のいいところだけを考えましょう。欠点はない、あるのは違いだけだと。違っているから個性が光るのです。この世にただひとりの、かけがえのない存在。それがあなたです。

⑥**一日一日を大切に**……フランス女性の大事なルール。朝起きて、身支度を整え、すっきりと新しい一日を迎える。それがあなた自身のため、あなたの自尊心のため、周りのためになるのです。変化を実感してください。

⑦**常に謙虚に礼儀正しく**……家族、友人、初めて会う人、誰に対してもやさしく。微笑《ほほえ》みは最良のフェイスリフト。フランス女性は笑顔を惜しみません。

⑧**ゆったりした動作を**……意識して軽やかに、弾むように歩きましょう。優雅に、元気に。フラットシューズでも十分おしゃれに若々しく見えます。

⑨**香りを大切に**……さっとひと吹きすれば、近くにいても遠くにいても人の心に残ります。香水は特別な日のためにだけあるのではありません。

⑩**うまくいくまではうまくいっている「振り」を**……どれくらい自信がついたかは

誰にもわかりません。でも、①から⑨まで実践すれば、必ず自信が湧《わ》いてきます。それが若さと美しさを保つ究極の技（これは、わたし自身が実証してきたことです）。

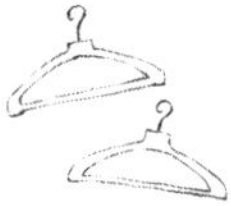

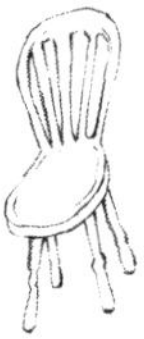

4

自分を大切にする「ノー」のひと言

大人のフランス女性には、髪型やワードローブなどの何が自分を美しく見せているのかよくわかっています。だから、いくつになっても若々しく、おしゃれに見えるのでしょう。

そんな彼女たちを見るたびに、いいなあと羨《うらや》ましくなってしまいます。内からにじみ出てくる自信が、年齢を超えて人を惹きつけるのでしょうか。

信念があって、忍耐と実践がこれに伴えば、誰でも自信をつけることができます。もちろん自律心も必要ですが、いずれ習慣化されると、やめようとしてもやめられなくなります。

まず自分を信じてください。そして、自分にこう言いましょう。

「わたしはすばらしい。若くて、きれいで、魅力的だ」と。

自分のいいところだけを考えましょう。悪いところなんてないわ、と思えなかったら、少なくとも、悪いところなどないかのように振る舞ってみてください。きっと、時間が経《た》つにつれて自信が湧いてきます。

自信をつけるには時間がかかりますが、フランス女性の場合、四十代になる頃にはすでにその基礎ができあがっていて、日々イメージを磨いています。自分のスタイルを確立し、自分の容姿やライフスタイルに合うのが何かわかっているのです。考え抜かれた多機能のワードローブ。いらいらすることもなく、すべてが収まるところに収まっています。

美容法はいたってシンプルかつ効果的。髪の手入れは大事な投資と考えてお金を惜しまないので、毎朝悩むこともない。クローゼットのアクセサリーや服は、染みもなく、ボタンがはずれていることもなく、シワも寄っていない。細部にまで行き届いた神経。そうしたすべてが自律心の賜物《たまもの》なのです。

さあ、自信をつけるための方法をご紹介しましょう。

「ノー」と言う練習をする――まずはここからです。

フランスの女性はみな毎日、気楽に「ノン！」と言います。言い訳や説明はいっさい必要なし。「ノー」と言うことは、「わたしにはもっと大事なことがあるの」という意味です。

フランスに住むようになってから、わたしの人生に対する見方は変わりました。フランス女性のすばらしい一面や習慣を自分の生活にとり入れるようになったのです。まず、「ノー」と言うことを覚えました。彼女たちにとって、自分を大切にすることは周りの人々や責任をないがしろにすることではありません。そこには矛盾もなければ利害の対立もないのです。毎日を気持ちよく過ごしたいと思うのは健康的でこそあれ、決して利己的な考えではありません。

PART2

体の内側も外側も磨き上げる

5

見えないところでも手を抜かない

女性の肌年齢は必ずしも実年齢と一致するものではありません。このことに異論を唱える人はまずいないでしょう。つまり、あなたも実際の年齢より若く見える肌を自分のものにできるのです。

わたしも以前は思ってもみないことでしたが、今ではつくづくその通りだと実感しています。

フランス女性はやさしくていねいに顔の手入れをします。普段見えないところにも手抜きはしません。

毎日のシャワーや入浴のあとにはローションとクリーム。プールや海で長い時間を過ごしたら真水できれいに洗い流します。

肌に潤いを与えたいときは保湿効果の高いオイルやバターを。特に冬の外気に長く肌をさらしたあとはこれが重要で、顔だけでなく隠れた部分も大切にケアします。

ケアの方法は個人の好みやどれぐらい時間をかけられるか、続けられるかなどなど、それぞれの事情によって変わります。入浴や手入れには時間をたっぷりかけて楽しみたいという人もいれば、手間暇かけてやってはいられないという人もいますよね。どちらにしても「楽しくやること」が大切です。

あなたは、もしかしたら、ケアを面倒くさいと思ってはいませんか?

フランス女性はそんなふうに考えません。

まずは考え方を変えてみましょう。楽しめることは素直に楽しみ、楽しくできるところは楽しくやってみる。自分を大切にし、ゼロから始めてみるのです。先へ進む力が湧いてきます。

本書でご紹介する商品や方法はすべて、わたし自身が実際に試してきたものです。ですから、みなさんもきっと若々しい素肌を取り戻し、メイクも控えめにできるでしょう。化粧に時間を費やすより、人と会って、きれいな肌ねと言われるほうが、どれほど楽しいことか!

6

フランス女性は皮膚科医がお好き

フランスの友人たちから学んだ貴重な教えのひとつ。それは、皮膚科の主治医を持ちなさい、ということです。

正直なところ、これにはびっくりしました。というのも、わたしは、深刻なアレルギーに悩む母と一緒に皮膚科を訪れた経験しかなかったからです。

ボディ・トリートメント関連の施術を行う医師やエステティシャン、資格を有する専門家たちは、「スキンケアにおいていちばん危険なのは自己診断だ」と口を揃えます。

パリにあるソティス・スパのディレクターで、エステティシャンのキャロル・デュビレはこう言います。

「よく、乾燥肌だとか脂性肌だとか言うけど、そういうのは、肌に合わない商品を使ったときや、天候、暑さ、エアコンといった外的な刺激に長くさらされたときに感じることなの」

たいていの女性はクレンジング・クリームやトリートメントを選ぶとき、友人やセールスマンの意見、広告や愛読誌の記事を参考にします。でも、情報をいくら集めても本当に自分に合っているかどうかはわからないのです。

「時間と労力とお金の浪費ね」とデュビレは指摘します。

「専門家なら顔を見ただけで肌の状態がわかるのに。専門家に診てもらえば、そこから先は正しいケアができるわ」

フランス女性にとって、親しい友人仲間でつくるグループ「コトリー」はなくてはならないものですが、メンバーの皮膚科医は、時間が経つにつれて欠かせない存在になります。

パリ在住の著名な皮膚科医、ヴァレリー・ガレによれば、治療の必要がなくても年に一回は皮膚科医の検診を受けたほうがよいとのこと(クライアントには映画俳優が多く、人目を忍ぶようにして診察室に入っていく姿を何度か目撃しています)。

「検査は頭のてっぺんからつま先まで徹底的にやって、メラノーマや気になる黒子《ほくろ》がないか調べるの。そのあと美容法について話し合う。初めての方にはライフスタイルや、化粧品は何を使っているか、毎日どんな手入れをしているか訊《たず》ねて、もし肌に合わないものを使用していたらそれを説明するし、もっと効果のあるものを希望するなら別の商品を推薦して処方箋《しょほうせん》を出す。何年も通っている患者さんでも、肌の状態が変わってくることがあるから、化粧品のブランドを替えたり、加齢に合わせて処方も変えたりする。ひとつのクリームを五年間も使い続ける理由はないわ。年齢や肌の状態に合わせて変えていかないとね」

皮膚科の主治医を持つのは贅沢《ぜいたく》ではありません。若々しく生きていくために手を結ぶべき必要不可欠な相手です。

皮膚科医にかかることは、大きな利益が見込める投資です。彼らの簡単な指示に従ってケアを進めれば、メイクの必要などほとんど感じられなくなるでしょう。メイクしたとしても、しているかいないかわからないほどナチュラルなものでよくなります。フランス女性のように。

店頭に行くと、きれいにパッケージされた見栄えのする化粧品が並んでいます。医師が推薦、処方するものに比べると効果は薄く、それでいて値段が何倍もするのは莫《ばく》大《だい》な広告費がかかっているからです。

皮膚科医に定期的にかかるという投資の元は必ず取り返せます。
自分を大切にすることは甘やかすことではありません。心と体の幸せにつながり、
結果として、周りの愛する人たちの幸せにつながります。

7

美しい肌は質のよい食べものから

美しい肌をつくるのは化粧品だけではありません。何を食べ、何を摂取するかによって大きな違いが出てくることをフランス女性は学んでいます。

ある程度の年齢になって肌にいちばん悪いのは、ダイエットとリバウンドの繰り返しとか。そう聞くとまさに自分のことなので、がっくりしてしまいますが。

人間の体で脂肪を必要とする部分はただひとつ、顔です。体重が落ちると顔が老けて見えるようになります。もっとも、わたしの友人でふたりほど、「三十歳のお尻《しり》が欲しいわ。顔も手入れするけど」と言っている人がいますが。

フランスとイギリスで開業している有名な形成外科医、ジャン＝ルイ・セバーグ医師はこう言います。

「顔に脂肪があると若く見えますよ」と。

「ですが、顔の脂肪はほかの部分の脂肪と違って壊れやすいので、体重が落ちるとやつれて老けた感じになりますね」

次に水分ですが、一日に一リットル半は飲むとよいようです。内科医のアレクサンドラ・フォーカードは五十一歳。診察室の机の上には常に水のボトルを置き、日に三回も補充するとか。

わたしも執筆するときはボトルを脇に用意していますが、五百ミリグラムのビタミンC発泡錠を半分にしてボトルに入れたり、緑茶を混ぜたりします。ビタミンCには抗酸化作用があり、少量でも効果的。緑茶には水分の排出をうながすなどさまざまな効能があり、それについてはフォーカード医師も認めています。

さらに医師は、抗酸化作用のある柘榴《ざくろ》のジュースを毎朝一杯飲んでいるそうです。

シャンパンは ほんの一杯だけに

ここで、あえて言わせてください。日焼けや煙草《たばこ》はいけません。スキンケア商品も正しく使いましょう。アルコールは控えめに。寝る前は毎晩クレンジングを――何があっても必ず。たった六十秒で一日分の汚れが落とせるのですから。

ガレ医師が頭を痛めているのは「肌の乾燥を招く不適切な化粧品と日焼けサロン」のふたつだそうです。そこにある危険に気づいていない女性が多いので驚かされると。

一般にフランス女性は煙草を吸うと思われているようですが、ミドルエイジ以上の女性が吸っているのはめったに目にしません（その一方、十代や若い世代の喫煙率は非常に高く、彼女たちがもっと母親のアドバイスに耳を傾けてくれたらいいのに、と残念でなりません）。

この観察結果をもとに主治医と話をしたところ、四十五歳から五十歳までの患者さんの禁煙率が圧倒的に高いということでした。

以前は「ライトスモーカー」だったというフォーカード医師は、ワインを付き合い程度に嗜《たしな》むとか。「赤ワインが体にいいのはともかく、たまに食卓で一、二杯やると楽しいわ。アルコールが肌を老化させ、カロリーも高いのはわかっているけど」

ガレ医師もうなずきました。

「たまのシャンパンがなぜいけないの？　人生、楽しむことも大切よ。でも毎日は肌によくない。代わりにグレープジュースはどう？　抗酸化作用もあるし」

歯が紫色にならないか心配だという方は、白葡萄《しろぶどう》のジュースをどうぞ。

フランスに住むようになってから、ワインとシャンパン以外のアルコールやカクテルを口にする女性は、年齢にかかわらず見たことがありません。

煙草を吸うのは友人でひとりだけ。食欲を抑えるために吸っているとか。その彼女は日光浴が大好きで毎年肌を焼いています。ブロンドと白の混じったプラチナ色の髪、ぴちっとしたジーンズに包まれた後ろ姿は二十五歳と言っても通用しそうな美しさですが、顔を見るとその三倍もの年齢に見えるのです。

それでいてアルコールには手も触れない。ワインすら飲まない。テーブルに出されても、口もつけないのです。

そういえば、フランス女性がディナー・パーティで食前酒のシャンパンを一杯（あるいは二杯）以上、食事中に赤ワインを一、二杯飲む姿は見た覚えがありません。彼女たちが飲むというのは遠い昔の話なのでしょうか。ほろ酔い加減の女性など、ここフランスに来てから一度も目にしていないのですから。

アルコールについて最後にもうひと言。目の下のくまは睡眠不足だけが原因ではありません。アルコールも原因のひとつなのです。くまができると老けて見えますね。

Column★2

たっぷりの化粧水で肌は目覚める

＊洗顔石鹸はマイルドなものを。温水で洗い流し、次のいずれかをスプレーしましょう。

オー・ド・ブルーエ……フランス女性が洗顔後に愛用する、コーンフラワーを原料とするアルコールフリーの天然水。毛穴引き締め効果あり。

オー・ド・ローズ……肌に輝きを与えるローズ水。やさしい香り。

＊そして、昼用のクリーム。ガレ医師のすすめで、わたしは最近ヒアルロン酸を高配合したクリームに替えました。

＊昼用クリームは、日焼け防止効果のあるタイプを選ぶとよい。

＊日常の日焼け止めはSPF15～20を。ガレ医師が見せてくれたグラフによると、SPF20とSPF50では効果にわずかな差しか認められないのに対して、SPF0とSPF15～20では段違いの差がありました！

＊日焼け対策はもはや必須です。

おまけ――アイクリームを使用しているか友人たちに訊ねました。みんな、クリームにはこだわりがあるけれども、目元専用のものは使っていないとのこと。

皮膚科の主治医と四十七歳になる美人アシスタントにも訊ねましたが、ふたりとも、昼夜とも使用した経験はありませんでした。本当に必要なものだけを揃えればよいということのようです。

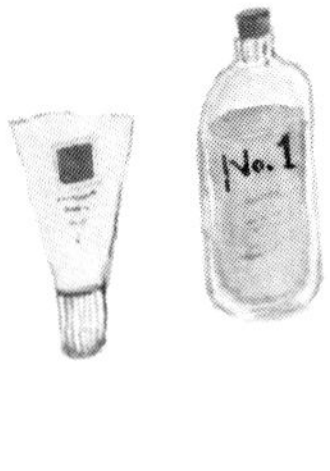

Column★3

おやすみ前はとにかく保湿！

やさしくていねいにメイクをしっかり落としましょう。すすいで、ミネラルウォーターを吹きかけます。水道水は乾燥の原因になることもあるのでミネラルウォーターがおすすめ。

＊ビタミンCセラムをつけ、二分ほど肌に馴染《なじ》ませてから夜用クリームでセラム成分を閉じ込めます。これで三分から四分。効果を感じ取ってください。セラムとクリームをセットで使用する必要はありませんが、アイデアとしてはすばらしいと思います。

＊ビタミンCはコラーゲンの生成を促進しますが、保湿効果はありません。乾燥肌の方は夜用クリームとの併用を。

＊手間をはぶきたい方は、ここでアンチエイジング効果のある夜用クリームに飛ん

でもいいでしょう。肌は、一に保湿、二に保湿。完璧にきれいな肌はエイジングケア用のクリームをしっかり吸収します。夜は、レチノイドや、グリセリンなどの保湿成分を含むクリームを使う絶好の時間帯です。

＊睡眠中は体温がいくらか上がるので、クリームやセラムを深く吸収します。

＊最後にリッチなボディクリームを。

Column★4

週一回のスペシャルケアで最高のしっとり感

＊ゴマージュで古い角質を落として透明感のある肌をつくりましょう（ゴマージュはひび割れた唇にも効果的）。
＊ゴマージュのあとは、肌質に合った低刺激の保湿クリームを。
＊週に一度か二度は、保湿マスクを夜用クリームの代わりに使ってみてください。目覚めたときのしっとり感が最高。実証済みです。頭を枕に（清潔できれいなカバーをお忘れなく！）のせる前に十五分か二十分ほど使ってみましょう。目に見える結果が出ます。

9

ゴマージュで全身すべすべ肌に

顔の手入れが済んだらもうおしまい。そう思ってはいませんか？

フランス女性は顔と同じくらい、全身の肌ケアに力を入れています。ムダ毛のない、いい匂いのする、すべすべの肌を維持するために。

彼女たちはゴマージュと日々の保湿を欠かしません。フェイス用の角質除去クリームを全身に使うこともできますが、わたしは使い分けしたほうがいいと思います。

本書の「調査報告」が必ずみなさんのお役に立つだろうと自信を持って言えるのは、わたし自身の実体験に基づいているからです。

全身のゴマージュ・マッサージは、それこそ天国に行った心地。ぜひ月間の「やることリスト」に入れてください。

角質除去のクリームを独自につくるには、あるエステティシャンによると、スイート・アーモンド・オイルと細粒状の海塩を混ぜるといいそうです。塩は刺激が強そうで心配だと思われる方は、砂糖でも同じ効果が得られるとか。塩（または砂糖）大さじ一杯にオイルを加え、ほどよい固さになるまで混ぜます。

わたしのおすすめは、顔用のものに食卓塩を少量加えてボディ用として使用すること。特に、念入りにケアしていただきたいのが肘《ひじ》と膝《ひざ》と踵《かかと》。肘のケアには、レモン果汁とベーキングソーダを練り上げたものを使っています。

忙しくてそんな手間のかかることやっていられないわ。そうおっしゃる方は、バス用手袋にいつものボディクリームを塗って少し強めにこすってみましょう。シャワーのあとは保湿剤をつけるだけ。

ボディ用の保湿剤には尿素の配合されたものがおすすめ。尿素には、水分をとらえて皮膚に閉じ込める保護フィルムをつくる働きがあるからです。もともと皮膚中に含まれるこの成分は水分の保持力に優れ、尿素十パーセント以上の商品は、乾燥した皮膚の角質を溶かして、すべすべしたハリのある肌をつくります。さらに、乾燥からくる痒《かゆ》みにも効果があります。

ここまでに述べてきたルーティンは必要最低限のことで、全身の肌ケアに留意してきた方にはよくご理解いただけると思います。

では、首から下へのケアが十分でなかったとしましょう（「怠惰」からではなく「不注意」で）。でも心配はご無用です。

シアバターやアラゴンオイルのような、ウルトラリッチなマッサージバターは、クリームタイプのものもあり、ケアを怠ってきた部分の回復に効果があります。どちらも高純度でビタミン豊富なので、キューティクル保護のため、ヘア用ディープコンディショナーとして、また、乾燥した肌のマッサージ用に使われ、潤いを取り戻すのに効果的です。

冬は特に、バターに包まれてお休みになってはいかが？　エステティシャンもこれを勧めている人は多いのです。お気に入りのパジャマにバターがついてしまってはいけないので、着古したスウェットパンツとTシャツで休みましょう。ソックスも必要ですね。それから、言うまでもないと思いますが、その格好でご自宅の外へ出ないでください。お友だちやご家族にも見られないように。なぜって、この本はフランス女性について書いているのですから。

保湿クリームを塗ったまま寝る夜に、このケアも一緒にやるといいでしょう。そして徹底的にやるなら、手も（手袋をお忘れなく）、あとで詳しく述べるヘアマスクも一緒にどうぞ。

これをやったら自分はもっと美しくなるのだと、大切なパートナーにもわかってもらいましょう。あなたのためにやっているのよ、そう言ってみてください。フランス女性のように。そうすれば、毎日が今よりずっと充実したものになります。できたらその日はふたりの寝室ではなく客間に移動して休みましょう。風邪を引いたらしいの、あなたにうつしたら悪いから……と言って。

友人や知人に訊ねると、文字通り例外なく、アラゴンオイルを化粧品棚に常備しています。顔、脚、肘など、どこにでも使うとか。もうひとつ、スイート・アーモンド・オイル。アイメイク落としや保湿剤として気楽に使われます。ただ、わたしはアイメイク落としにオイルは使わないようにしています。少しでも目に入ると痛いし、腫《は》れてくるからです。

Column★5

こんなときはどうする？

①シャンパンの飲みすぎ？

オー・ド・ブルーエ（コーンフラワー水）がお役に立ちます。目に合うサイズのカット綿を数枚、オー・ド・ブルーエに浸して、冷凍庫に入れておきます。目が腫れて疲れているときは、これを二枚取り出し、くるくる回して氷を飛ばし、目の上にのせて三分から五分横になります。ぜひ、やってみてください！

②目が腫れぼったい

物知りの友人、エリーズのやり方をご紹介します（部分的にはご存知かもしれませんが）。カモミールのティーバッグ二袋を沸騰した湯で蒸らしたのち取り出して、二枚のカット綿に挟みます。振って適温に冷ましたら、横になって目の上にのせ、冷たくなるまでリラックスしましょう。次にアイスキューブをガーゼに包み、目の上にあてて、円を描くように時計まわりに五回、反対まわりに五回動かします。やさしく、ゆっくりと。

③ストレス解消に

約二リットルの沸騰した湯にカモミールフラワー（健康食品の店で販売）をふたつかみ入れて、十分ほど煮出したのち三十分蒸らします。フラワーを取り出して、液を浴槽に入れ、十五分ゆっくり湯に浸かってください。緑茶やカモミールティーを飲めば気分も爽快に。

④すっきりしたいときは

製氷皿にオー・ド・ローズを注ぎ、アイスキューブをつくります。キューブを取り出してガーゼに包み、顔や首にあててください。毛穴が引き締まり、気分まですっきりします。メイクの前にやさしくぽん、ぽんと押さえると、化粧のりがよくなります。

ネイルが剥げたままなんてありえない！

手や足のネイルを剥《は》げたままにしているフランス女性は見たことがありません。

彼女たちは、先端が白く、自然で、きれいな爪《つめ》が美しいと考えています（ちなみに、フレンチネイルというのは実はフランス生まれではなく、アメリカの男性が考案したものです）。

まず一カップの温湯にレモン一個の果汁とオキシドール（過酸化水素水）大さじ四杯を加え、この中に指先を浸します。コットンを巻きつけて液に浸したオレンジスティックで爪の下側を拭《ふ》き、やわらかくなった甘皮を押し下げれば、もう終わり。

レモン果汁を加えるというアイデアはエステティシャンのエロディーから聞いたものです。

さらに白のネイルペンシルで先端の下を拭けば完璧で、あとは薄いベージュか淡いピンクのポリッシュを塗るだけ。いかにも簡単なフランス流のネイルケアです。

フランスの友人や専門家から学んだ貴重な教えのひとつは、ある特定の目的のために開発された美容商品であっても多様な使い方ができるということ。

たとえばフェイシャル用のゴマージュクリーム。これは手に潤いとハリを与えます。角質を落としたあとで保湿クリームを塗り込めば、皮膚の奥深くまで浸透し、手は若さを取り戻します。

11

つま先のお手入れはサロンにおまかせ

アメリカで典型的なペディキュアというと、足をやすりで軽くこすってカラフルなネイルポリッシュを施すことですが、フランスでは爪の健康を考えたメディカル・ペディキュアが主流。

フランス女性は常に健康を第一に考えて日々のケアをするからでしょう。わたし自身もいつしかそうした考え方をするようになりました。

資格を持った専門家がぴかぴかのやすりやナイフを使って念入りにケアしてくれると、手入れを怠ってきた足も見違えるほどきれいになり、うっとりと見つめてしまいます。

ここ数年わたしが通っているネイルサロンは、まず足の爪を切っていつもの形に整え、角質やたこ、魚の目を落とし、一本ずつ洗浄し、甘皮を処理して、やすりで磨き、やわらかく艶々《つやつや》した足を取り戻していきます。

最後はスーパーリッチな専用クリームでマッサージ。その心地よさといったら、思わず吐息を漏らしてしまうほど。

フランスでは、このメディカル・ペディキュアはポリッシュを使う古典的なネイルサロン（ボーテ・デ・ピエ）より値段も安く、満足度も高くなっています。

自宅でもきちんとケアしていけば、かなり長持ちさせることができ、一年に四回で十分。フランスを訪ねる機会があったら、ぜひ予約してみてください。二十五ユーロから三十ユーロぐらいだと思います。

正直なところ、わたしは足のケアを怠ってきたかもしれません。でもエステティシャンのパスカルに言わせると、それはわたしに限ったことではないようです。自宅でするケアが楽しければ続けられますよ、と言われました。

まずフットバスに、海塩ひとつかみとアスピリンの発泡錠を入れます。アスピリンには角質剥離《はくり》効果のあるサリチル酸（ベータヒドロキシ酸）が含まれており、シューシューと泡立つさまは見ていておもしろいものです。

足を浸けながら、本を読み、考え、リラックスしましょう。次に、やわらかくなった角質部分にボディ用のゴマージュをすり込みます。頑固なたこがあったら軽石を。最後にシアバターかアラゴンオイルを塗り、清潔な白のソックスをはいてベッドへ。

面倒くさそうね、こんなやり方で大丈夫かしら、と思っている方もいるでしょう。でも、心配は要《い》りません。効果はすぐに現れます。気乗りしなかったのも忘れて、やってよかった、このまま続けてみよう、と思うに違いありません。

12

メイクはとことんナチュラルに

自分以外の誰かになりたい、そう願っているフランス女性には会ったことがありません。もっと背が高くなりたいとか、もっと日焼けに注意すればよかったとか思うことはあるでしょう。でも、それだけ。

わたしが見るところ、彼女たちにとって、自分が自分でなくなったら意味がなくなってしまう。いくつになってもベストな自分でいたい――それだけなのです。「ナチュラル」はフランス女性のキーワード。髪や肌、メイク、姿かたち、スタイル、振る舞い、自信ある態度など何についても常にナチュラルでいたい、ありのままの自分でいたいと考えています。

しかも、いかにもやりました、という感じではなく、なにげなくやっているように見せたいと。

ゲランのクリエイティブ・ディレクター、オリヴィエ・エショードメゾンは繰り返しこう言います。

「女性はそれぞれ独自の個性を持っています。フランスの女性はそのことを理解して大事にしているので、自分以外の誰かに似せたいとは思わない。ビューティアイドルもいない。男性の気は引きたくても、一見してわかるようなことはしないんです。フランス女性はみな、自身のオリジナル版です」

フランス女性をすばらしいと思える理由のひとつはここにあります。ほかの誰でもない自分だからこそ、彼女たちは自分が好きなのです。

今使っている化粧品やケア商品にしても、自分をよりよく見せてくれるから、使っていて気持ちがいいから買うことにしたのでしょう。ブランドイメージに惹かれたからではなく、皮膚科医や薬剤師の十分な説明とアドバイスに納得して買ったのです。

友だち仲間ではよく互いの体験談が話題になります。親しい友人の実体験に基づいた意見ほどありがたいものはありません。

13

フランス女性のメイク用品あれこれ

「ノーメイク」とは文字通りメイクをしないことだと思っていませんか？　だとしたら、それは勘違いです。
「メイクをする上で誰もが犯しがちな最大の過ちはやりすぎることです。ノーメイクについても同じことが言えます。ノーカラー、ノーライトなども」とオリヴィエ・エショードメゾンは述べています。
「フランス女性はメイクに時間をかけていると思わせるようなことはしません。ノーメイク、というのはそういう意味なんです」
では、メイク用品を順に見ていきましょう。

●ファンデーションは手のひらで選ぶ

最初にされる質問は、「自分に合った色をどう選べばいいのか？」。
クラランスのエリック・アントニオッティによれば

手のひらの色で決めるとのこと。信じられますか？

テストはふたりか三人で行うとのことなので、インタビュー中に、わたしとふたりの女性の三人で実際にやってみました。三人とも半信半疑で始めたものの、終了後の感想は「とてもおもしろかった」で一致しました。

まず、手のひらを上に向けると、ふたりは濃い赤味がかった色で、もうひとりはオレンジ色に近い感じ。

その結果、赤味がかった色のわたしともうひとりはイエローをベースとしたファンデーション、オレンジ色っぽい女性はローズをベースとしたファンデーションがよいということになりました。

「反対のものでバランスをとるのが正しい選び方です」とアントニオッティ。イエローは輝きを増し、ローズは新鮮な感じになるとのこと。

どのタイプを選ぶかは個人の自由で、わたしの好みはリキッドタイプです。

ファンデーションはブラシか、プロが使う専用のスポンジでつけるのがよいとされていますが、女性たちにそれを期待しているメイクアップ・アーティストは実際にはいないのではないか――わたしにはそんな印象がありました。すると、やはり「手でつけているわ」という答えが返ってきたのです。

そこで気分が向いたときはブラシを使うことにしました。使い方は難しくないのですが、習慣となるまでには至っていません。それでも、やってみてよかったと思っています。やわらかな感触で、メイクの出来映えもそこそこ。驚いたことに、すばやく均一に仕上がります。

ファンデーションは以前から使用してきましたが、顔全体に塗ったことはなく、鼻の上、額《ひたい》にちょっと、目の周り、そして顎に軽くつける程度でした。専門家によれば、それだけで十分とのこと。背中を押してくれるアドバイスは嬉《うれ》しいものですね。

色が決まると、こんどは、上手に塗りたいと意欲が出てきました。

教わった塗り方をご紹介します。まず塗りたい部分に、とん、とん、とんと軽くつけ、そっと撫《な》でるようにして、自肌との境目をなくします。秘訣は、手を温めてから顔にあて、塗ったところを軽く押すこと。それで完了――完全にナチュラルな仕上がりです。

皮膚科のヴァレリー・ガレ医師は手のひらに昼用の保湿クリームをとり、セルフタンニング・ローションをひと吹きして、自分用のファンデーションとしているとか。

「それにパウダーをちょっと加えるの」

先生に何かカモフラージュしたいところがあるとは思えませんが、仮にあるとしたら、大成功、任務完了といったところでしょう。

●健康的な肌はブロンジング・パウダーで

日焼けした健康的な肌は、それがブロンジング・パウダーでつくったものであれ正しい紫外線対策をして太陽で焼いたものであれ、多くのフランス女性の憧れ。目に浮かぶのは、バケーション、南洋の島々、スキーゲレンデ、サントロペ、ブルターニュ……。

しかし、過去においては、身分ある女性が肌を焼くなど考えられないことでした。日焼けした肌は農婦、真っ白な顔は働く必要のないレディの象徴だったからです。太陽王、ルイ十四世の時代、庭園の散策を義務づけられた貴婦人たちは、日焼け防止のマスクを着用していたとか。マスクはボタンを歯で挟んで固定していたそうです（このおかしな慣習にはメリットがふたつ。陶器のような美しい肌を守れたこと、そして、神経の疲れるウィットに富んだ会話を求められずに済んだこと）。

二十世紀に入ると、日焼けに対する考え方も変わりました。太陽を燦々《さんさん》と浴びた休日、健康、ナチュラルな美しさ……。

ブロンジング・パウダーの使い方を習ったわたしは、それに代わる方法として、濃いめのファンデーションで軽く日焼けした感じを出せるようになりました。

自分に合った色をオリヴィエ・エショードメゾンに選んでもらってフランス女性のやり方を教わらなかったら、そこまで思いつかなかったでしょう。

●アイラインでくっきり目元に

アイラインは、上のまつ毛に沿ってごく細いラインを入れ（下のまつ毛に引く人はあまりいないようです）、目尻で少しだけはね上げます。はね上げる部分はラインを引く前に描いたほうが太い延長線にならずに済みます。

わたしはこのテクニックを最近覚えて、夜だけ目尻で少しはね上げて描くようにしています。わずかとはいえ、確かに目がくっきりして見えます。

友人の大半はアイラインを入れています。わたしも以前は入れていましたが、十年以上やめて最近また再開しました。

眉毛《まゆげ》はきちんと手入れする女性が多いようです。目鼻立ちがはっきりするし、眉の下にハイライトをつけると瞼《まぶた》のたるみもとれて、すっきり見えるからでしょう。

もうひとつ。顔に疲れが出て十分なケアをする時間がないときは、リキッドタイプのハイライトを試してみてください。目頭から目の下を、点、点、点と目尻へ向かって塗り、最後にとん、とん、とんと軽く叩《たた》いて仕上げます。

それから、アイラッシュカーラーをお忘れなく。わたしは八歳ぐらいのときに母の化粧台をのぞいて、ヘレナ・ルビンスタインの口紅とアルページュのきれいな香水の瓶と並んで、アイラッシュカーラーが置かれていたのを発見して以来ずっと使っています。

オリヴィエ・エショードメゾンは、わたしが目の下のくまを隠したいといくら頼んでも聞いてくれませんでした。商品のことはすべて知っているはずなのに。彼はそれが自然だと言い、わたしは自然なのはわかっているけどやはり隠したいと言い……。

フランスに来て最初に聞いた都市伝説のひとつに、「目の周りのくまは、たとえ皮膚がたるんでできたものであっても、その女性のおもしろい生活を暗に示している」というものがあります。つまり、夜の生活が忙しいからだと。意味はおわかりでしょう？

夜の生活がおもしろくても、朝ちょっとメイクすれば元気溌剌に見えるようになる、とわたしは思うのですが……。

●口紅は昼と夜で使い分け

口紅は二本持つべし、と専門家の意見は一致しています。色はローズ系。昼用に薄めの色を一本と、夜用に濃い深い色を一本。さまざまなものが売っているので、誰でも自分に合ったものを選べるでしょう。

ある雑誌では、完璧なローズ色を見つけるには唇を「ちょっと噛《か》む」ことだと紹介していました。なんだか、どきどきしませんか？

●チークはパウダーがおすすめ

言葉は時代とともに変遷します。頬《ほお》を染めるほのかな紅も、かつてはルージュでしたが、今は、肌が紅潮したときの自然な色合いをさすところからブラッシュと呼ばれています。

では、クリームがいいかパウダーがいいか？　専門家はパウダーをすすめます。色味をコントロールしやすいし、仕上がりがやわらかくなるからだそうです。それでも頬のシワを気にする女性の多くはクリームタイプを好むようですね。

14

香水で「忘れられない女」になる

美しく魅《み》せるにはどうすればいいか、それを語るには香水についても触れなければなりません。メイクと香水はいつの時代も切り離すことのできないものだからです。

フランス女性について考えるとき、まず浮かぶのはふたつのイメージ。香水とランジェリーです。有名な香水専門店のある調香師がこう言いました。

「明かりが消えてふたりがいい雰囲気でいると、感覚が高まる。特に肌と香りに対して。香水はわたしたちを恋に落とすんです」

ココ・シャネルの言葉、「香水をつけない女性に未来はないわ」も、そういうことでしょう。

個人の好みが大きい香水はそれぞれの個性の延長と考えられ、肌の匂いと混ざってその人だけの香りとなります。

香水なるものはずっと昔からありましたが、これをアートの域にまで高め、近代産業へと発展させたのはフランス人。ですから、フランス女性と聞いて香水を思い浮かべても、何ら不思議はないのです。

香りから逃れることはできないし、忘れられなくなることもしばしば。かすかな香りをたどっていくと、長い間忘れていた記憶が思いがけず蘇《よみがえ》ることもあれば、初めてつけた香水がある種の予感を抱《いだ》かせてくれることもあります。香水は、目には見えませんが、わたしたちのわからない言葉で話しかけてくるのです。

メイクで自分らしさが出せれば気分がよくなり自信もつくように、香水もそれぞれの個性の延長と考えられます。友人たちのほとんどは何十年も同じ香水を使っています。それぞれの忘れられない記憶と結びついているからでしょう。

新しい香りに手を出した数人も、プレゼントされたから使っているという場合が多く、最終的にはまた元の香りに戻るようです。

香水は、愛する人に出会ったとか、人生の大切な日や幸せな思い出とも重なります。友人のひとりは「夫は香水でわたしだとわかるんですって」と。その香水が製造中止になったときは見ていて可哀想《かわいそう》なくらいでしたが、気に入ったものがなんとか見つかりました。

「まるで新しい人生に向かうみたいで、笑われるかもしれないけど決めるまでたいへんだったわ」

有名な調香師、フランシス・クルジャンは自身の名を冠したブランドも立ち上げており、そのコレクションにはエキゾチックでフレッシュ、おしゃれなフレグランスを揃えています。

ジャン＝ポール・ゴルチエ、ナルシソ・ロドリゲス、クリスチャン・ディオール、エディ・スリマン、ランバン、エリー・サーブなど。

「香水がすばらしいのは感動を創造するからです」とクルジャン。

「目に見えないのに、ついてくる。ミステリアスなんです」

ひとつの香りを使い続けてきた女性が新しい香水を買おうとするとき、専門家は、メイクと同様にサンプルをリクエストするよう勧めています。

クルジャンは、「店先でトップノートが気に入っても、香りは変化しますから二日ほど様子をみなければいけません。それに、身近にいる大切な人たちも好きなものでないと、結局は嫌になってしまいますからね」と言っていました。

買うまえにまず試してみる、それがフランス女性のやり方。ケア商品から香水まで何でもサンプルを求め、実際に使ってみていいものだと確信を得てから購入を決めます。

頬を軽く触れ合わせるフランス流のエアーキスは、相手が男性であれ女性であれ、匂いという贈りものをもらうまたとないチャンス。

わたしの好きなコロンのひとつは、夫の愛用するシャネルのプールムッシュ。一週間以上の旅に出るときはこれを小瓶に入れて携帯し、匂いで離れている寂しさをまぎらわします。

大方の意見が一致するところですが、髪に軽くスプレーするのがいいようです（夏のビーチではやめておきましょう）。動くと空気が揺れて、香りがただよいます。

ともあれ、理屈や技術、是非《ぜひ》を気にする必要はありません。ココ・シャネルの有名な言葉があります。

「香水はキスしてほしいところにつけるもの」

わたしが意見を求めた男性たちはみな、大きくうなずきました。

インタビューの最後に、エリック・アントニオッティと頬を寄せ合い、別れの挨拶《あいさつ》を交わしたときの彼の言葉をご紹介しましょう。

「女性であるということは特権なのです。その特権を、女性は誰でも乱用していいのですよ。過去は忘れて、愛と喜びと情熱を大切にしてください」

フランス人っていいなあ、と思いませんか？　人生の哲学として愛と喜びと情熱を大切にしなさいとは。美を追求するわたしたちにとって、これ以上のアドバイスはありません。

Column★6

このメイクであなたもシンプル・シックなフランス女性に！

フランスに長く生活していて学んだメイクをご紹介しましょう。

①**メイク下地を使う**……わずか数秒の手間ですべてが変わります。クラランスのビューティ・フラッシュ・バームを昼用クリームとファンデーションの間に。テレビCM通り、一瞬にして輝きが出ます。

②**まずサンプルを**……買うまえに必ずサンプルで試しましょう。壁の塗装と同じで、照明によって変わって見えることがありますから。

③**使いすぎに注意**……エリック・アントニオッティによれば、ポンプを半分押すと適量がとれるそうです（つまり、下まで目一杯押さないこと）。足りないと思ったときは、もう四分の一だけ押す。わたしは半分以上押したことがありません。

④**仕上げは手のひらで**……軽く押さえ込むように。効果を実感してください。

⑤ファンデーションのトーンを使い分ける……肌のトーンよりワンレベル薄くすると若く見え、ワンレベル濃くするとリゾート地から戻ったばかりのような健康的な肌に。濃くしすぎると老けて見えるので、まず試してみましょう。たいていのフランス女性はブロンジング・パウダーを使用していますが、これだとより簡単かつ「安心」です。

⑥ベースカラーは鼻先で確認……ベースカラーは鼻の先にちょっとのせて、薄いか濃いか確認してから全体に塗り進めましょう。

⑦ブラシを使う……リキッドタイプのベースはブラシを使用すると、すばやく美しく仕上がります。

⑧チークをお忘れなく……「ローズ系のブラッシュ・コンパクトをハンドバッグに」というのはアントニオッティのお勧め。「ほんのり染まった頬はフレッシュで疲れを感じさせませんから」

⑨口紅の色は明るいものを……色が暗いとシワが目立ちます。口紅はローズ系を二本。昼用に薄めのもの、夜用に濃いめのものを。

⑩リップライナーは口紅と同じ色を……あるいは、口紅は専用のリップブラシで塗

りましょう。どちらも輪郭がはっきりし、きれいな仕上がりになります。

⑪**ハイライトを鼻と唇の端につける**……疲れた表情を瞬時に消すために、エショードメゾンのアドバイスです。「年齢とともに口角が下がってくるので、上げてやりましょう」

⑫**五分間メイクのルーティン**……昼用クリーム、下地、ファンデーション、アイラッシャカーラー、アイブロー、マスカラ一回、必要ならブラッシュ、リップ。さあ、完璧です！

⑬**人前でメイクを直さない**……これは絶対にしてはいけません!!　NGです。親友のアンヌ＝フランソワーズは言いました。「美しくなる努力はこっそりするものよ」

15

艶々の髪は惜しみない投資のリターン

　フランス女性を見ていてすばらしいと感じるのは、ひとつに、その豊かで弾力のある健康的な髪。

　その羨ましい姿かたちが生まれつきのものかどうかはさておき、世界が絶賛するエレガンスは、やはり、髪型から受ける印象が強いのではないでしょうか。

　なぜそう思うのか？　まず、髪が動くからです。世界中どこに行っても、若い女性の髪は艶々《つやつや》して揺れ動きますが、ある年齢以上になると、かっちりしたスタイルが多くなります。ナチュラルより、こざっぱりして実用的なほうが好まれるのでしょうか。残念です。

　フランス女性はいくつになっても美しい髪の手入れを怠りません。

　といっても飾り立てたり、セットをするわけではなく、風に巻き上げられても気にせず、いつものなにげない雰囲気そのままなのです。優雅な立ち居振る舞いに自然なヘアスタイルが加わって、彼女たちを若々しく溌剌と見せているのでしょう。

なぜそんなふうにできるのでしょうか？　彼女たちは信頼できる美容師に巡り会うまで時間と努力を惜しまずに試行錯誤を繰り返し、「この人の手にかかれば大丈夫」とカットもカラーも安心して任せているのです。アメリカ人のわたしたちはつい、そこまでやってはいられないと考えてしまいます。

前にも述べましたが、投資は自分自身にするもの。それを忘れてはいけません。フランス流のこの考え方に従えば、投資には深い関心と積極的な介入が必要であることもおわかりいただけるでしょう。投資するのは時間だけでなく、お金も必要です。

はっきり申し上げておきますが、髪はあなた自身。朝起きて鏡に向かい、すてきなカットとカラーの自分が目に入る。たちまち元気が湧いて、新しい一日がスタートできる。投資によって充足感と自信がもたらされるのです。

フランス女性にはそのことがよくわかっていますから、満ち足りた毎日を送るためのお金を惜しみません。節約するなら別のところですればいい。お金はかけたいところにはかける。たとえば、ヘアカットやカラーに。フランス女性は時間もお金も浪費しませんが、こと髪のことになると、ぽんと気前よくお金を出します。

シャンプーして、コンディショナーをつけ、ケア商品を使い、カットや髪の毛の自然な流れに逆らってブローで無理やり整え、あげくに整髪料でしっかり固める。そんな「恐ろしい」日々のケアにフランス女性は立ち向かおうとしません。

洗髪は普通、一週間に二回程度。それが美しさを保つ基本です。わたしの髪はシャンプーして二日後がベストで、扱いやすい状態になります。といっても、あまりこだわるほうではないのでブラシをかけるだけですが。泳いだあとは、すすいでからリーブイン・コンディショナーを毛先中心につけます。

あるフランス人の友人にこう言われました。

「目立つのは嫌ね。いかにもやりましたって感じは。何もしていない自然の状態で美しいと思ってもらいたいの。ナチュラルだって」

そこがポイントです！　彼女たちは、おしゃれに時間をかけたと思われるのを嫌います。でも、事実が言葉と裏腹であることは誰にもわかっている、わかっているけど誰も口にしないだけなのです。

毎週の美容院通いを予算に組み入れている女性もいます。あるおしゃれな友人が言いました。

「シャンプーとブローをするだけ。でも、来てよかったという気持ちになるの。お金をかけてよかったって」

家でもしっかりケアしているのですが、彼女にとって週に一度の贅沢は「お金をかけるだけのことはある」ものなのです。

16

最良の美容師に出会うとっておきの方法

顎までの長さの髪を自分でカラーしている友人がいます。色はずっと黒に近い濃い茶色。これからも変えるつもりはないようです。

根元が白く目立ってくると、ご主人に歯ブラシでその部分を塗ってもらうのだとか。ディープコンディショナーを使っていると言っていましたが、それは本当でしょう。

自分で染めているのはわたしの友人では彼女ひとりだけ。わたしはと言えば、ハイライトにてこずっていたので、安心して任せられるプロをずっと探していました。

そんなある日、カクテルパーティで理想の色合いをしたブロンド女性に出会い、ミシェルを紹介してもらったというわけです。

ではここで、わたしとわたしの友人たちからのアドバイスです。最良の美容師に出会いたかったら、どんなことでもやってみること。

通りを歩いていて憧れのカットとカラーの女性を見かけたら、呼び止めてみましょう。わたしもかつてパリの街中で、勇気を奮い起こして声をかけたことがあります。するとなんと、その女性はメモを取り出して美容師の名前と住所を書いて渡してくれたのです。嬉しかったですね。

カットとカラーにかかる予算だけ確保すれば、あとのリンス、コンディショナー、ヘアマスク、ディープヒート・トリートメントなどは自分でできます。

わたしの場合、マスクとディープヒート・トリートメントはプロに強く勧められ、すでにルーティン化しています。こうしたケア商品は、努力しただけの効果があるので手放せません。

洗い流し不要のコンディショナーをつけたままぐっすり眠っていなかったら、今のように艶々した髪にはなっていなかったでしょう。

Column★7

カリスマ美容師が教えるカラーの秘訣

大勢の有名人を顧客に持つ、カリスマ美容師、クリストフ・ロビンからのアドバイスを紹介しましょう。

＊カラーの前日には髪にディープモイスチャー・マスクを塗ること。洗い流さずにそのままカラーリストのもとへ行きましょう。

＊眉毛は地毛に近い色に合わせましょう。

＊カラーを選ぶときは、明るくするにせよ濃くするにせよ、地毛より二レベル以内に。「八十パーセントの女性は明るくするほうを選びます。濃くしたほうがいい人でも」とロビン（わたしにも耳の痛いところです）。

＊カラーした髪を続けて五回シャンプーしたら、ディープコンディショナーを使いましょう。さらにビニールのシャワーキャップをかぶり、その上から熱いタオルを巻

いてトリートメント効果を高めます（シャワーキャップは熱を閉じ込め、髪にコンディショナーをキープするだけでなく、タオルへの吸収を防ぐ効果もあります）。

＊多くの女性は、明るい髪は若く見せてくれると思い込んでいますが、むしろシワを目立たせます。自分の肌や目の色に合わせて決めましょう。

＊抗酸化作用のあるオー・ド・ローズは色落ちを防ぎ、美しいカラーをキープします。同様の成分の商品はロビンも出していますが、シャンプーやコンディショナーにローズ水を三対一の割合で混ぜると同じ効果が得られます。

＊シャンプーの前にアラゴンオイルを使うと、髪が生き返ります。オメガ6脂肪酸と抗酸化物質を含んでいるため、髪だけでなく肌にも有効。べとつかず、ボリュームも失わず、髪に輝きと弾力を与えます。健康食品ショップで入手可能。

＊ラベンダー・コンディショナーも髪に輝きと弾力を与えます。

＊地毛の色からあまりかけ離れないカラーを選ぶこと。自然に、ナチュラルに。

＊髪に輝きを出すには、冷たい水をボウルにとり、レモン一個の果汁を加えて、最後のすすぎに使います。どのカラーにも有効です。

17

ぺしゃんこ髪になる残念な習慣

女性たちはなぜ毎日洗髪することにこだわるのか。

これはインタビューに応じてくれた多くのヘアスタイリストやカラーリストの言葉です。それでいて彼女たちは、どうして髪がぺしゃんこになってしまったのかと嘆いている、と。

実は、シャンプーのしすぎで皮脂が洗い流されてしまったことが原因なのです。

わたしたちの髪や皮膚には皮脂が含まれています。皮脂は敵ではありません。

カリスマ美容師、ロビンとルドルフのもとをカラーのため訪れるセレブたちは、髪にオイルか、彼のオリジナルのラベンダー・コンディショナーをたっぷり塗り、後ろでシニョンにして現れます。

「オイルはカラーの吸着をよくしますからね」とロビン。

ルドルフも「カラーの前に必ずオイル。定着がよくなりますから」と言っていました。

このことはわたしもミシェルも初耳だったので、さっそく実験することにしました。確かに、色の入りも輝きもよかったように思います。ミシェルも同じ感想でした。

インタビュー中にロビンは、モロッコ人の顧客から聞いた完璧なタオルドライを教えてくれました。

まず普通サイズのバスタオルを三、四回たたみ、前かがみになって（立ったままでも座ってもよいそうです）髪を床方向に落とします。その姿勢で首から両サイドをタオルで「はたく」ようにして水気を飛ばし、続いて額から毛先へと。これを数回繰り返すと、湿っていてもふんわりした髪になります。

PART3

おいしく食べて、楽しく運動

18

フランス女性は太らないって本当？

ルイ十四世の寵姫《ちょうき》、モンテスパン侯爵夫人は豊満な肢体《したい》を持つ絶世の美女で、七人の子の母親でもありました。相次ぐ出産で体重が増えはじめ（彼女だけではありませんよね！）、悩んだ彼女は食欲を抑えるために、大量の酢を飲んだと伝えられています。

この話が多くの本や雑誌で取り上げられているせいか、フランス女性は太らないと思われています。

確かに、あまり太らないようです。それでも、数キロ太っちゃったわ、といった声はよく聞きます。わたしがインタビューした女性たちは例外なく、スリムな体形になるのがいちばんの課題だと言っていました。

フランスという国は、全体的な印象として食の健康を重視しています。テレビのCMにいわゆる「スナック菓子」が登場すると（ヨーグルトやアップルソースも含めて）、画面の下に「野菜や果物は一日五品目以上摂りましょう」というテロップが表示されます。

最近見た離乳食のＣＭでも、嬉しそうな赤ちゃんの口にフルーツピューレをスプーンで運ぶお母さんの笑顔が映し出されましたが、画面の下に「子供に間食をさせないようにしましょう」というテロップが出ました。

警告メッセージは否応《いやおう》なしに目に入ってきます。

離乳したばかりの幼児が食事のときに与えられる飲みものは、水です。子供の前に冷たいミルクが用意されることも、食卓の中央にソーダの大きなピッチャーが置かれることもありません。食事のときだけでなく、子供たちは喉《のど》が渇くといつも当然のように水を求めます。

さらに、よちよち歩きをする頃にはフェンネルやキャベツをはじめ、いろいろなものを与えられるようになり、さまざまな食品の風味や舌触りも覚えていきます。その一方で甘いものはまだ口にしていないので、偏りのない味覚が育っていくのです。

そうした中で早いうちから母親や祖母を通して、食べものは敵ではない、と教えられます。真の敵は間食や偏食といった節度のない食生活なのだと。

少女たちはテーブルで正しく食べるだけでなく、キッチンで料理することも覚えていきます。八歳か十歳になる頃には、大人の手を借りずにアップルタルトをつくれるようになる少女も多く、材料を準備して、つくって、食べるまでの一連のプロセスの中で食の楽しさを知り、節度を身につけていくのです。

フランスの家庭では普通、夕食のあとに手づくりのフルーツコンポートが出てきます。りんごや梨、それにヨーグルトを加えることもありますが、もちろんノーシュガー。

タルトやケーキ、ムース、クレームブリュレなどはせいぜい一週間に一度の特別なデザートです。多くの栄養学者もフルーツコンポートを夜食べるようすすめています。ディナーの最後にフルーツが出てくるのは嬉しいものですが、アップルソースには快眠をもたらす効果があるという指摘もありました。

食の健康を重視するフランス女性が、量と質の問題に目を向けるのは当然と言えるでしょう。カクテルや甘いデザートを楽しむのは特別な日だけ。

カロリーを気にせず食べていいのはいつなのか、いけないのはいつなのか。それも本能的にわかっているようです。

Column★8

フランス流おすすめヘルシーレシピ

── ビネグレット・ソース ──

材料

●エキストラバージン・オリーヴオイル、
またはキャノーラ（菜種）オイル
（低温圧搾、ろ過処理なし）── 大さじ2
●水── 大さじ1（オイルを大さじ3にしても可）
●ビネガーまたはレモン果汁── 大さじ1
●マスタード── 大さじ1
●ハーブ── 少々

作り方

材料をしっかり混ぜ合わせる。マスタードを入れると水と油が混ざりやすい。通常のレシピでは、オイルとビネガーを3：1の割合とするが、このレシピではオイル：水：ビネガーを2：1：1とする。量にかかわらず割合は同じ。

19

おいしくて体にいい食事がいちばん

わたしの友人やこの本を執筆するために会った女性はほとんど例外なく、本質的にグルメなのだと言っていました。

ということは、本当は食べることが大好きで、今着ている服を着なくなったら好きなものを我慢しないで食べちゃう、という意味でしょうか。

そういえば、友人のジェネヴィーヴ・ゲランがある催しの会場で、チョコレートケーキをうっとりと見つめていたことがありました。

ひと口分だけ切りとろうとしたのか、フォークを手にしたのですが、切りかけたところでその手を止めてしまったのです。アイシングのかかった端に口をつけようともしませんでした。それでも、目を輝かせて言ったのです。

「チョコレートケーキはいいわね」

その彼女のアパートで最近ランチを一緒にしました。前日の電話で彼女は、「ふたりだけなのよ。いいかしら？」と訊きます。

もちろん、わたしに異存はありません。メニューは、野菜とシーフードのサラダ、パリでしか買えないパン、バター（ふたりとも使いませんでしたが）、ワイン、そしてデザートに小さなレッドフルーツのクランブル。さらにリビングに移動してコーヒー。トレーの横にチョコレートの箱が置いてあり、ひとつずついただきました。

フランスの女性たちが「食べるのが大好き」と言うときは、たいてい気を引こうとして言っているのだと、わたしは思います。特に、ディナー・パーティの席や男性とふたりきりの食事のときにお腹《なか》いっぱい食べながら、スリムな体形を維持しているというのは、ある意味、官能的ですらあります。確かに、お腹いっぱい食べることもありますが、彼女たちはすぐまた元の節度ある食生活に戻っていくのです。

フランス女性が、太らないとされるヘルシーな食べもの（とワイン）を好むのは事実です。スリムな体形を手に入れて維持するためには、おいしくて体にいい食事を毎日きちんと摂るのがベスト。ですから食材を選ぶときは、料理するのと同じくらい気を遣います。手の込んだ食事はあまりせず、基本的にシンプルです。

新鮮な食材はマーケットへ買いに行きます。わたしも週に三回は行きますが、マーケットはとても楽しい場所で、お店の人たちとも親しくなりました。

青果店ではアーティチョークの選び方を教わりました。穂先が閉じていれば新鮮なのだと。チーズ店のご婦人は全製品の乳脂肪率が頭に入っていて、気前よく試食させてくれます。鮮魚店の男性はエビを注文するといつもおまけをつけてくれ、ローストチキンを売っている若者は英語で話しかけてきます。果物店の男性は今日食べるメロンと三日後に食べるメロンを選び、今日のに×印をつけてくれました。

マーケットにはわくわくがいっぱい。フランスに住みたくなった理由のひとつかもしれません。

友人のエディスは「効率よく」食べているのだとか。つまり、砂糖菓子より旬の果物を食べているという意味です（ところが、レノートルのコーヒーエクレアを目の前に置かれると、もっともらしい理由もどこかへ吹き飛んでしまうようですが）。

食事はいつも、冬ならスープか、麦芽とビーンスプラウトを散らしたサラダのあとにブラウンライス。白いライスは食べません。野菜、果物、魚が中心です。

「体が必要とするものを食べる。だから元気いっぱいよ」とエディスは言います。確かに、見ているだけでこちらが疲れてしまうほどエネルギーにあふれています。

「体重なんか気にしないわ。ダイエットもしたことない。三層の蒸し器で何でも調理するんだけど、時々マッシュルームをオリーヴオイルでソテーにするとか、変化をつけるの」

わたしの知人はみな夕食を軽めにしています。夏は、サラダ、果物、それに魚を焼くことも。冬はスープ。デザートは、ヨーグルトを好みに応じて毎日。冬は手づくりのりんごと梨のフルーツコンポートも。もちろんノーシュガー。

食事は通常、量を控えめにしたサラダかスープの前菜で始まり、ゆっくりメインに進みます。ご存知のように、胃と脳が刺激を受けて活発に動くようになるには二十分から三十分かかりますから。

20

どうしても食べたくなったら熱い紅茶を

よく「これとこれを食べると太らない」とか「たちまち痩《や》せる」といった宣伝を耳にしますが、こうした言葉に振りまわされてはいけません。

医師に魔法の薬はないか訊ねても、手にできるのはさまざまなハーブ療法のみ。それでも心理的な励みにはなるでしょうが。

要するに、魔法の特効薬はないのです。わたしの主治医は「秘訣はふたつ。決断とりんごだけ」と言っています。

その主治医とダイエティシャンのクレール・ブロス・ダンドリューによれば、ダイエットの効果が上がるかどうかは、空腹ではないのだと自分に言い聞かせることができるか、空腹であっても、目の前にある解決策に気づくかどうかにかかっていると。

その解決策とは熱い紅茶。紅茶はいっとき考える時間を与えてくれます。口の中に何か詰め込みたいという性急な欲求に屈するまえに。

主治医の車には常に、りんごがいくつか積んであります。親友のアンヌ＝フランソワーズも「ちゃんとした」食事ができるかどうかわからない日に外出するときは、必ずゆで卵を用意。そしてバッグの中にはいつもアーモンドの袋が。

「いつ必要になるかわからないでしょう？」

フランス女性は一日三回、きちんと食事をします。そのためもあって、午後のおやつを習慣とする人でも量を控えめにできるのでしょう。たとえば、紅茶とフルーツを少々、あるいはダークチョコレートをふたかけ、ヨーグルト（乳脂肪分二パーセントのプレーン、無脂肪は不可、時にはフルーツと）、アーモンドを数粒というように。

友人のエディスはアーモンドを水に浸して「やわらかく」します。消化がよくなり体にいいのだと。

エディスのこのやり方は、調べてみると正しかったことがわかりました。アーモンドは水に浸けると、繊維が分解して消化がよくなるそうです。アーモンドにまつわるミラクルをもうひとつ。記憶力や知性を高める必須脂肪酸が豊富なので、脳の働きを高める効果があるのです。

友人や知人を見まわしても、痩せ型の女性はいません。まず標準的な体形と言えるでしょう。わたしが住んでいるのはパリ近郊ですが市中ではないので、広い範囲で観察していることになりますが、やはり、スリムな女性が多いようです。

かといって決して痩せすぎではありません。長身で抜群のスタイルを誇ったイネス・ド・ラ・フレサンジュはむしろ例外。一般的には中背で小柄な女性が多いようです。

21

それでもチョコレートが欲しくなったら

栄養学が専門の有名なフランス人医師、デニス・ランボリーを訪ねました。減量への挑戦と継続に関する新しい取り組みが関心を集めているからです。

ランボリー医師は患者たちに、ストレスや食べものに向かう気持ちと仲良くしなさいと説いています。

「今あなたは脅威に直面しているとしましょう。どうしますか？　なんとか逃れようと決心し、考えて、行動に移しますね。そこがポイントなのです。減量に立ち向かい、生涯にわたって維持していくにはそれ以上に、行動するまえに考えることです。つまり、マインドフルネスの実践が必要なのです」

マインドフルネスとは、今というこの瞬間に心を向け、自分の考えや経験にとらわれずに自分を見つめること。東洋の禅仏教に基づく精神的かつ宗教的伝統から生まれた言葉です。

ランボリー医師は、これを実践することで心を整え、ストレスや感情、食べることへの誘惑に立ち向かえるのだと強調します。自分の置かれている状況から一歩離れて考え、決断を下したら、これを受け入れて前進する。心を集中して決断すれば、食べることへの罪悪感は消えていくのだと。

では、わたしたちはなぜ食べるのでしょうか？　ランボリー医師が挙げた理由はふたつ。ひとつは空腹を満たすため、もうひとつは楽しむため。なんとすばらしい、なんとフランス的な考え方！　純粋に楽しむために食べるのなら、意識して食べると決め、心おきなくいただきましょう。クォーターサイズのマカロンをふたつ。ランボリー医師は言いました。

「楽しく食べていいんですよ。何も悪いことはしていないのですから」

ダイエティシャンのクレールも、同じことをサイレンにたとえました。チョコレート、チョコレート、チョコレートとサイレンが鳴りだしたら、頭の中はそれでいっぱい。そんなとき、あなたならどうしますか？

「食べなさい」と彼女は言います。

「我慢すると、ノーファットかローファットのヨーグルトを食べる。それでもチョコレートが頭から離れない。だからヨーグルトをもうひとつ。それでもチョコレートが食べたい。こんどは桃を食べる。それで？　やっぱりチョコレートが欲しい！　そうして結局、チョコレートを食べてしまう。だったら、はじめから食べればよかったのです」

チョコレートを食べるなら、カカオ含有量七十パーセント以上のダークチョコレートがお勧め。紅茶を飲みながら、ゆっくり心ゆくまで味わいましょう。

「やましさは感じなくていいんですよ」とクレールは言葉に力を込めました。

「チョコレートのようなものが食べたくなるのは、空腹とは関係ないんです。欲求は別のもので埋められませんから。それも、心理的な問題であって生理的なものではありません。人生は短いのです。楽しみを我慢することはありません」

22

食べても飲んでもいい トップモデル・ダイエットって？

何年か前、フランスとアメリカの女性を対象に「チョコレートケーキと聞いて最初に思い浮かべるのは何ですか？」と質問した調査がありました。

フランス女性の答えは「嬉しいときに食べるもの」で、アメリカ女性の答えは「おいしいけど食べてはいけないもの」。見方の違いが明らかとなりました。

食べたいという衝動は十二秒間続くのだそうです。そのことを話してくれたのはランボリー医師の助手、エリアンヌ・レブレ。彼女はさまざまなレシピをつくって博士を支えています。

話が出たのは、ロイヤルモンソーホテルのテラスに座って、アイスコーヒーとマカロンをふたつ楽しんでいるときでした。

十二秒のあいだ何か別のこと——爪を磨くとか電話をかけるとか——をしていれば衝動はおさまる。そこで心を集中してマインドフルな状態になれば、脅威の実体と今の自分が見えてくる。そのとき決断を下せばよいとのことでした。

最近インタビューしたフランス・オーブリー博士は内科医、栄養学者、文筆家で、わたしたちと同年代。

「わたしの食事法は厳しい処罰ではありません。目標体重に達するまで続けられ、その後の正しい生活習慣と食生活につながるように設計されています」

オーブリー博士もほかの医師やダイエティシャンと同じように、目標体重は無理のない達成可能な数字にすべきと主張しています。

オーブリー博士の食事法「トップモデル・ダイエット」は大成功をおさめ、博士の名を一躍高めました。

具体的にご紹介しましょう。維持段階に入るまでは、なんと、好きな食べものもお預けにはなりません。「自由な」食事が週に二回——昼食一回と夕食一回——認められています。一例として、ブルゴーニュ風牛肉の赤ワイン煮、ポテト、ワイン、甘味料を加えていないフルーツデザート（博士のお勧めはパイナップル）。

二回のどちらかで肉を魚にすれば、デザートはチョコレートエクレアでいいそうです！

週に三日は「トップモデル・ダイエット」の日。朝食はいつも通りですが、昼はオールたんぱく質、夜は野菜のスープ、または緑色野菜四百グラムないし五百グラムを小さじ一杯のオリーヴオイルで調理したもの。デザートはフルーツコンポートまたは焼きりんご二個。

ワインも一日二杯までオーケー。わたしは二杯も飲んだことはありませんが、飲んでもいいのだと思うと嬉しくなります。ワインの楽しさを先生が認めているわけですから。

このダイエット法は、わたしが知る限り最も取り組みやすく、実際に体験した友人三人も同じ意見でした。「トップモデル・ダイエット」で息抜きすると再びやる気が湧いてきて、また新たな気持ちでダイエットに立ち向かえるのです。

Column★9

無理なく続けられるフランス式食事法

一週間のスケジュール

●朝食

大きいコップ一杯の水（常温。温度が高いとビタミンCが破壊される）に搾りたてのレモン果汁を加えたもの、キウイ一個、軽くバターを塗った全粒粉パンのトースト二枚、卵一〜二個または乳脂肪分二パーセントのヨーグルト（百二十五グラム）二個、カフェオレ大カップ一杯（ミルクは乳脂肪分二パーセント）。

＊たんぱく質、脂肪、果物、熱い飲みものの構成は変えずに変化をつけることは可。

朝食は一週間同じものとする。

●昼食
脂身を落としたハム一切れ、鶏またはターキーのささ身、ツナの水煮、その他の魚の中からいずれか一品。サラダ（ドレッシングはビネグレット・ソース、P91のレシピ参照）。果物少々（バナナ、葡萄、ドライフルーツを除く）。

「トップモデル・ダイエット」ランチ（週三日）――魚または鶏のささ身二百グラム、または肉百五十グラム。赤身肉のハンバーガー百五十グラムが適当。ヨーグルト二個またはホワイトチーズ二百グラム（残念ながら入手困難かも）。

●夕食
野菜スープ、魚または鶏の胸肉、調理した緑色野菜、ヨーグルト一個または果物。

「トップモデル・ダイエット」ディナー（週三日）――野菜スープまたはオリーヴオイル小さじ一杯で調理した緑色野菜四百～五百グラム。デザートは、焼きりんご二個またはフルーツコンポート（どちらもノーシュガー）。

＊重要――「トップモデル・ダイエット」のランチとディナーは同じ日にすること。昼食でたんぱく質を多めに摂取するため、夕食はビタミンを多く含むものを中心に軽めに設計されている。この日はワイン不可。

23

体形を維持する食との向き合い方

さて、フランス女性がスリムな体形と健康を維持するために食とどう向き合っているのか、まとめてみましょう。

・**スープかサラダでスタートする**……ランチやディナーに最初の一品を加えることで、全体のカロリー摂取量を二十パーセントカット。ベジタブル・スープは最高です！

・**食べるときは座る**……フランス女性が立ったまま食べているのは、キッチンであれどこであれ、見たことがありません。食べるときは食べることに集中します。

・**楽しく食べる**……食べることに喜びを感じ、味わいましょう。

・**チョコレートを我慢しない**……食べたいときは食べましょう。ただしダークチョコレートを選び、量は控えめに。ランボリー医師によれば、午後四時から六時の間に食べるのがベストとのこと。

・**ラベルを読む**……原材料が五種類以上のものはやめておいたほうがよい、とランボリー医師の助手、エリアンヌ・レブレ。

・**蒸し器を今すぐ買う**……友人たちはみな愛用しています。エディスは三層式を。料理に重宝で、食品のうま味を逃がしません。

・**ミキサーがなかったらぜひ一台**……スープやスムージーに欠かせません。フランス人はスムージーが大好きです。

・**体の声に耳を傾ける**……フランス女性は満腹になったら、いいえ、満腹でなくてもフォークを置きます。食べるものがまだ皿に残っていても。

いかがでしょうか、簡単でしょう？　フランス流に食べるものにもスタイルにも気を配れるようになれば、あなたもきっと、楽しくシンプルな毎日を送れるようになるでしょう。

24

エクササイズでしなやかボディに

ストレッチ、ピラティス、太極拳そしてヨガ。わたしの周りでは運動の教室が盛んで、友人たちの多くもさまざまな運動をしています。

教室をのぞくと、参加しているのは大半がミドルエイジ以上で、理由もさまざま。更年期対策として代謝を高めたいとか、いつまでも若々しくしなやかな体でいたいとか。

私自身が通っているアクアクラスの参加者は二十代（そのうちの何人かはママになったばかり）から、なんと八十三歳まで。

最近七十歳の誕生日を迎えた知人いわく、毎週ストレッチ、ヨガ、太極拳と三つのクラスに出ているせいか関節炎とはまったく無縁で、今でも三十代の頃と同じように動き、歩き、自転車に乗ることができると。

彼女は大きなバスケットを手にマーケットまで歩いて

買い物に行くので、街でよく見かけますが、確かに、軽やかな足取りで溌剌と歩く姿はまるで若い女性のようです。

フランスの女性たちは本当によく運動しています。

アンヌ・ブレトンはクラシックバレエの教育を受けたダンサーで、ダンスに加えてフィットネスなどの教室を受け持っています。先日聞いたところによると、最近は個人レッスンの希望者が増えているとか。特に中高年の生徒が多いのは、一対一で正しく学んだほうが効率よく習得できるとわかっているからだろうと。教室や個人レッスンに通ってくる生徒の年齢を訊ねると、三十代から七十過ぎまでとのことです。

「週に三回通ってくる方も何人かいるけど、ほとんどは週一回。仕事を持っているかどうかによるわね。ジム通いする女性はこの十年で爆発的に増えたわ。健康や若さを保つには、いつまでも動ける体をつくらなければならない。それには、運動が大切だと考えるようになったのね」

ブレトンはジャズやバレエだけでなく、さまざまなエクササイズのクラスで二十六年間教えています。初級クラスは六十分。内容は、彼女自身が認めるように、かなりハード。スクワット、ストレッチに加えて、腹筋、背筋、腕を中心にトレーニングし、最後はストレッチで体をほぐします。

運動に対する関心の高まりを示すように、最近はジョギングをする女性が急増しているそうです。それも若い女性だけでなく、四十代や五十代が増えているとか。

ブレトンは個人レッスンを除いても週二十八時間運動していることからもうかがえるように、小柄ながら、羨ましい体形をしています。ダイエットはしていない、きちんと食べているとのこと。

「食べたいものは何でも食べる主義なの」

PART4

見られることで女は美しくなる

25

だらしない格好で外に出ちゃダメ！

控えめな美は誇張をしのぐ——この言葉を読み解くのに何年かかったことでしょうか。

あなたはもうおわかりですね。フランス女性はなぜいくつになっても、おしゃれで、女性らしく、自信を持って、ありのままの自分でいられるのか？

身につけているものが違うのでしょうか？ いいえ、手に入るものはわたしたちと同じはず。なのに、何かが違う。なぜでしょうか？

読み解くヒントは目の前にあるのに、それが見えない。探っていくといつも、「言葉では説明できない」何かにぶつかってしまい、その先へ進めなくなってしまうのです。

そしてある日、「ああ、そうか！」とひらめきました。彼女たちは見られることが好きなのだと。

そんな言い方しても大丈夫かしら、という心配は無用です。さるエレガントなフランスのご婦人の口から直接聞いた言葉なのですから。

彼女とは、短い時間でしたがいろいろと突っ込んだ話ができました。フランス女性は自分に似合ったおしゃれをするのが大好きで、美しく見えると自分も嬉しいし、周りも楽しんでくれるのが嬉しいのだと。

わたしたちの多くは、見られていると意識すると居心地の悪さを感じてしまいます。着ているものにしても、褒めてもらうのは嬉しいのですが、褒められたくて着たわけではないからです。

でも、フランス女性は違います。見られるであろうことはわかっているから、居心地の悪さも感じない。つまり、最初からそのつもりで準備しているのです。

あなたはもしかしたら、こう考えてはいませんか? スウェットパンツ、ダサイTシャツ、ノーメイク、ポニーテイルで部屋の外に出ても、誰も見ていないじゃない、と。

とんでもない。見ていないどころか、自分で自分の悪い評判をまき散らすことになるのです。ご近所、スーパー、モール、リゾート、ご自宅で。きちんとした身なりで外出することがあなたの評判を高め、それがあなたの自信につながるのです。

人と会って話をするとき、わたしたちは言葉を通して自分の考えや個性、知性、気持ちを伝えます。だったら服装からも何か伝わっているはず。ファッションを軽く考えてはいけません。あなたがどういう人間なのか、ワードローブの選び方によって与える印象も変わってくるのですから。

わたしにとって、その人が二度と会うことのない行きずりの人かどうかはどうでもいいのです。フランスに住んでいる外国人として、なにより重要なのは評判。きちんとした身なりで評判を維持することはアメリカ人としての義務と考えています。

26

上質な服は 三十年だって着こなせる

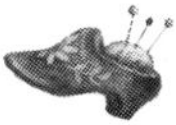

フランス女性は、四十代になる頃には自分のことがよくわかっているので、装いも瞬時に選択できるようです。

自分に似合う色や型もわかっており、必要な手直しも済ませ、お気に入りだった何着か――たとえば三十代まで颯爽《さっそう》と着ていたシフォンのトップス、もう入らなくなってしまったアズディン・アライアのドレスなど――はすでに娘や姪、孫に譲ってあるので、今そこにあるものを着るだけ。

だから、いつまでも若々しくいられるのでしょう。無理な若づくりではなく、いかにも自然に、年齢を超えた魅力をなにげなく表現できるのです。

彼女たちは、いいものを十年、二十年と大事に着ます。それができるのは、ひとつには体重を一定にキープしているから。たとえ増減しても二キロから四キロ程度なので、いつまでも着られるというわけです。

さらに、上質な服は縫《ぬ》い代《しろ》に余裕があって手直しがきくというのも、長く着られるもうひとつの理由となっています。

クローゼットに何年もあるお気に入りには、イヴ・サンローランのブラックレザー・ペンシルスカート（よく似た感じで、もう少しお財布にやさしいのは、たとえばアニエス・ベー）、夏用のペザントブラウス、コート類、年齢に関係なく着られるリトル・ブラック・ドレスなどがあるかもしれません。お気に入りというのは個人の好みなので、もしかしたらシャネルのスーツもあるかも。

でも、最近は上下お揃いで着ることはありません。スカートは、タートルネックや白いシャツと合わせて、ヒップアクセサリーを。レザージャケットは、タフでシャープな着こなしからフェミニンなそれへと変わっても、ワードローブから完全に姿を消すことはなく、シャネルのスカートと組み合わせると最高。シャネルのジャケットはカーディガン風に。カーディガンとしてなら、ジーンズ、レザースカート、サテンのイブニングズボン……どれとでも合わせられるでしょう。

一年も節約してやっと手にしたレザースカートは、もうレザージャケットと合わせることはありませんが、クラシック調なので組み合わせはさまざま。ペザントブラウスもスカートとセットにはしないで、白のジーンズと合わせると新鮮です。クリーム色のソフトレザーのジャケットは、グレイのフランネルスカートや、白いシャツかタートルネックのセーターと合わせると、意外にも、ロックな雰囲気が出るかも。仕立てのいいTシャツは必須アイテム。カシミアのタートルネックやVネック、ぱりっとした白いシュミーズドレスも。

カール・ラガーフェルドは言っています。

「今あるものを組み合わせて新しいものを創ってごらんなさい。その場その場でクリエイティブに。これまでの概念にとらわれず、着たいように着る。次の新しさへつながります」と。

年を重ねたフランス女性は、お気に入りの品々を「再構築」します。古いものと新しいものを組み合わせたり、古いものを新しい方法で使ってみたり。そうやって努力する中で、エレガンスが磨かれていくのです。

たとえば、お気に入りのペザントスカート。Tシャツなどと合わせて、ウエストにスカーフや幅広のベルト、リボンなどをあしらいます。足元はエスパドリーユかサンダルで落ち着いた雰囲気を。いくつになってもはけます。

イヴ・サンローランのコットンスカートを、ほぼ三十年近く愛用している友人がいます。足首まで届くフクシアカラーのそれをわたしの娘は幼い頃、「くるくるスカート」と呼んでいました。

とにかくどこにでも登場するのです。パリでも田舎でも、ショッピング、結婚式、日曜日のガーデンパーティ、孫の洗礼式、カジュアルで華やかなディナー・パーティ。

ある夏わたしは興味にかられて、どんな着こなしで現れるのか数えてみようと決心し、メモをとりました。

①エルメスの大判スカーフをホルターに。
②白いポプリンのシャツ。裾《すそ》をウェストにたくし入れて。
③白い綿のピケ・スペンサージャケット。
④淡いピンクの男性用ボタンダウンのオックスフォードシャツ。大きな黒いベルトでたくし入れて。
⑤マルチカラー、ストライプのシルクヴェスト――ストライプのひとつはフクシア

カラー。
⑥モアレ紋様の黒いシルクヴェスト。
⑦長年ご愛用の、プッチのきれいなブラウス。
⑧ポプリンのシャツ、ピンクと白のワイドストライプ、幅広の濃紺グログランリボンでウェストにたくし入れて。
⑨ホルターに似た、白のノースリーブブラウス。
⑩ポロシャツ。
⑪濃紺、麻のスペンサー。
⑫白い畝織りのマルセル。
⑬刺繍《ししゅう》入りのペザントブラウス。
⑭コットンのツインセット、濃紺とピンク。
⑮白いアイレット・ビスチェに白い麻のスペンサー。

このほかにも二十のコーディネートをメモに記しました。九月も終わり近くになって肌寒さを感じる頃には、このスカートに、タートルネックの黒いカシミアセーターを着て、ベルトで留めていました。多彩な組み合わせがここまでできるようになるまでには、きっと何年もかかったことでしょう。

彼女はセール品を見つけるのが上手で、アウトレットの店や大通りからはずれたお気に入りの店を毎月のようにまわっては、お嬢さんと自分用の掘出し物を見つけています。

冬のワードローブは黒が中心で、赤で変化をつけています。お気に入りのひとつは丈の長い赤のルダンゴート。衿《えり》と袖口とフロッグに赤いベルベットがあしらわれたもの。

前述のリストを見てもわかる通り、彼女はスペンサージャケットが大好き。濃紺のブレザーも持っていますが、組み合わせるのはジーンズだけ。時々赤いジーンズとも合わせています。

27

全身ブランド品なんて つまらない

「シック」という言葉はだいたい「スタイリッシュ」と訳されますが、わたしは物足りなさを感じます。

ブランド品あふれるクローゼットから選び出すなら簡単でしょうが、そうではありません。持っているのは必要なものだけ。シックであることと、どれだけお金をかけたかは関係ないのです。

高いもの、そうでないもの、新しいもの、古いもの、そうしたすべてが集まってその人の個性、つまりスタイルを創り出します。

飾り立てたファッション誌の写真や、頭から足の先までブランド品で揃えた広告、あるいはスタイリストを雇った女優を見て、フランス女性の誰が、わたしもこうなりたいと思うでしょうか?

彼女たちには、真似《まね》したいという気持ちがまったくありません。写真を見たらきっとつぶやくことでしょう。「わたしはどこ?」と。

ファッション界のアイコンとなったマリサ・ベレンスンとお茶をしたときのことです。世界のベストドレッサーとして永遠にその名を刻んだ彼女は、スタイルについての持論を聞かせてくれました。

「ある女性たちを見ていて驚くのは——名前は挙げなかったので、フランス人以外の女性ということにしておきましょう——自分の着るものを『一式』取り揃えて持っていることね。アクセサリーも含めて着るものをリストにしている。そのほうが簡単だからかしら」

高価なオートクチュールや既製服を身につけた女性は、わたしも知っています。一分の隙《すき》もない着こなし。でも、「気楽」なナチュラルさとはほど遠い。おもしろくないというか、努力もして、お金もかけただろうに独創的な輝きが感じられないのです。

彼女は外出するときはメイドさんに写真を撮らせるとか。目的はふたつ。完璧な装いを確認するため、そして、次に同じ人に会うとき同じものを着ていかないため。

(この記録方式を、友人のアンヌ=フランソワーズはディナー・パーティの計画にとり入れています。大きなノートにその日のメニューを記録し、テーブルの写真や招待客リストとともに保管して、いつも同じにならないようにしているのです。客として招かれるこちらは、料理は何だろう、どんなテーブルセッティングだろう、とわくわく。彼女の目的は客のことを思い、客を楽しませること。その心遣いと努力にいつも感激しています）

ベレンスンは、日々何を着るかは前もって決めていないけれど、「どんなものでも同じ組み合わせをしたことはないだろう」と語りました。自分の服を前からあると考えたことはない。だから、仕事も生きる喜び――ジョワ・ド・ヴィーヴルを持ってできる。

目の前の服を選ぶときは、そのプロセスも楽しいし、新しい思いつきが浮かぶのも楽しい。クローゼットがひらめきを与えてくれるのだとか。

「服を選ぶのを面倒だと思ったことはないわ。大切な夜会のときは前もって考えるけど、そうでないときは、クローゼットを開けて好きなものを取り出す。気分に合わせてね」

着ることに対する不安などは想像もできないのでしょう。

そこで、わたしは彼女に言いました。フランスに来る前や仕事でアメリカへ戻ったときは、ついアメリカ的に、毎日同じ服を着てはいけないとか、周りから「またその服か」と思われないか不安になってしまうけれど、フランス女性は、「その服似合うね」と言われると嬉しそうだと。彼女は笑って言いました。

「本当にそう。その服が新しいからじゃなくて、着ていると気持ちよくいられるから、すてきに見えるのね」

28

いつまでもシックな装いを保つには？

ワードローブを総点検して機能的なものに一新したいあなたに、朗報です。少しも難しいことではありません。最初は時間がかかるでしょうが、基盤さえできれば不安や疑念は消えていきます。

では、フランス女性のやり方をご紹介しましょう。まず目標と戦略をしっかり立てること。初めての方は紙とペンを用意しましょう（わたしはバッグの中にいつもモレスキンの小型手帳を入れており、そこには、すでに所有しているもののリストを記しています。黒のセーターや白のTシャツなど、持っているのに買ってしまったことが幾度となくあるからです）。

強い決心のもとに計画をしっかり立てることが、多目的で多機能なワードローブ造りへつながります。

ここで三つの質問を自分に投げかけてみましょう。

①今あるものはすべて自分に似合っているか？
②現在のワードローブで、自分のスタイルを表現し、個性やイメージを打ち出せるか？　この質問が初めてだったら、今ここで考えましょう。
③今あるものはニーズを満たしているか？　クローゼットをのぞけば、どんな場面にもふさわしい服装が取り出せるか？　つまり、「ライフスタイルに合わせた装い」ができるかどうか。

ふたたびラガーフェルドの言葉をご紹介します。

「買うのは、持っていないもの、本当に欲しいものだけにしなさい。今あるものと組み合わせて使えるようなものを。買いに来たから買うのではなく、買いたいから買うのでなければいけません」

店に行けば、さまざまなデザインのグレイジャケット、白いブラウス、黒いスカートがいくらも並んでいます。もちろんジーンズも所狭しと。

フランス女性は自分のベースカラーを決め、それに基づいた選択をします。

「そんなのつまらないわ！」と思ってはいませんか？　つまらないどころか、それは知的な選択であり、年齢を超えていつまでもシックでいるための秘訣なのです。なによりも、装いを決めるのがとても簡単になります。ニュートラルカラーの範囲内でも、色合いや質感にさまざまなニュアンスの違いがあるからです。

ボタンや刺繍、パイピング、縁飾り、ライニングやインサーションといった装飾のあしらい方ひとつで、定番とされる型が新鮮なイメージに生まれ変わることがあります。

とはいえ、ひと口にジャケットと言っても、同じカットのものはありません。細部にまでこだわるフランス女性の厳しい目と要求に応えて、伝統的なファッションも少しずつ変化しているのです。

29

最高のワードローブを造る三つの質問

最初に、あなた自身に訊ねてみましょう。「わたしの家は整理整頓されているだろうか？」と。

まずワードローブの評価、拒否、破壊、再構築から始めなければなりません。

もう何度も訊いてよくわかっているはずなのに、いざ実行するとなるとこれがなかなか難しい。しかし、やらなければいけません。今すぐ決断すること。愛着や思い入れは捨てましょう。

わたしたちぐらいの年齢になるとおそらく、何が自分の体にいいのかわかっているはず。そうです。大切なのは、幾度となく着た服、何度も買った服、すてきだねと度々《たびたび》言われた服。手も通さずにぶらさがっている服ではありません。

信じられないわ、と思ったら今からでも遅くはありません。確かめてみましょう。必要なのは鏡（できれば三面鏡）、厳しい批判的な目を持った友人、あるいは買い物を代行してくれるショッパーを予約すること。大手デパートが無料でサービスしてくれるかもしれません。そして不用な洋服の山ができれば、疑念はたちどころに消えてなくなるでしょう。フランス人の友人を派遣してくれるサービスでもあれば、その手を借りてクローゼットの要らないものを整理し、すっきりさせたいところです。厳しく容赦ない評価になること間違いありませんから。彼女たちはそういう「付き合い方」をするのです。

次の質問は、「わたしの着ているものは個性を表しているか？」。

わたしたちが身につけている服は、世界へ向けて最初に語りかける暗黙のメッセージです。利用して当然。絶好の機会をみすみす失う手はありません。専門家の研究によれば、初めの数秒で相手に与える印象がその後もずっと持続されるとか。

最後に、クローゼットを構築するときはライフスタイルを考慮に入れなければなりません。

「必要なもの、ほしいものが揃っているか？　ワードローブは機能しているか？　わたしらしいだろうか？」

フリーランサーであれ専業主婦であれ、自宅で仕事をしている人や、退職して特別なことをしていない人は、もう「きちんとした服装」でいる必要はないと考えがちですが、ノン、ノン、ノン。これは間違いです。

女性は常にベストな自分を見せていなければいけません。自分が、夫や子供たちや孫たちの基準になっていることを忘れてはいけません。きちんとした服に着替えると、やる気が出てくるというメリットもあります。わたしは街を行くおしゃれなパリっ子を見ただけで、やる気が湧いてきます。

30

真の美しさはまず自分を知ることから

マリサ・ベレンスンはその独自なスタイルで、シックでユニークな「美」を体現している——この言葉に、彼女を見かけた人や知っている人は誰でもうなずきます。ほとんどパリに住んでいるので、フランス人だと思われがちですが、実はそうではありません。

父親はアメリカの外交官、母親はイタリア、スイス、フランス、エジプトの血を引く伯爵。母方の祖母は前衛芸術、シュールレアリスムをとり入れたデザイナー、エルザ・スキャパレリ。

彼女はよく、スターになるために生まれたとか、彼女そのものがエレガンスだとか言われています。フランス人が理想とするものをすべて持っていると。

メリハリのきいた声、完璧なマナー、女性的な仕草、思わず惹きつけられてしまう魅力、そしてなによりも、彼女しかないスタイルを。

ベレンスンはカラフルなものが好きでした。ニュートラルも時々は目にしますが、そのスタイルは典型的なフランス人より情熱的。彼女の中に流れるイタリア人の血がそうさせるのか、母親や祖母の影響でしょうか。

もうひとり、そのベレンスンに影響を与えたのが、ファッション界の第一線で活躍してきたダイアナ・ヴリーランド。後に「ヴォーグ」誌の編集長として一躍世界を魅了。後年メトロポリタン美術館へ移り、世界が注目する大物たちの衣装展示など、それまでにない独創的な企画を次々に打ち出しました。

ベレンスンとのインタビューの中で明らかになったのは、彼女が、毎朝服を着るのと同じくらい、ごく自然にスタイルの細部にまで気を配れることでした。

「フランスの女性は自分をはっきり出しますね。着るものは個性なのだとわかっている。アメリカの方たちのように、頭の中に完璧なイメージを持っていないから、自分が気持ちよくいられればそれでいい。だから、服を買い続ける必要もないし、お金を際限なく使うこともない。すてきに見えるときは見えるのです」

スタイルの本質は生来のもの、とベレンスンは言いました。

「着るもので個性を出すには勇気が要るわね」

また、多くの女性は自分のことがわかっていないから独自のスタイルがつかめないのではないかと。あるファッション誌の記事では、真の個性が失われてしまう可能性があると語っていました。

「真のスタイル、真の個性、真の美しさを持っている人はごくわずか。あらゆるものはほかのあらゆるものに溶けてなくなってしまうのね」

確かにその通りでしょう。その言葉をわたしは、自分のスタイルを創り出すためのアドバイスとして受け止めたいと思います。つまり、「汝《なんじ》自身を知れ」ということです。

スタイルは個性である。この言葉を理解し、受け入れることが自分のスタイルを手にする大きな第一歩なのでしょう。わたしがよく知っているすべての女性たち、そして、この本を著すにあたって会った女性たちは、身につける服やアクセサリーでさまざまな個性を表現しています。

たとえば、パリで最もシックな女性のひとりと評判のアンヌ＝マリー・ド・ガネー。ある午後、一緒に何時間か過ごしたあと、その広いクローゼットを見せてもらったとき、彼女がなぜ、どのようにして今の評判を勝ち取ったのかわかったような気がしました。

行きつけの店はザラ、時々モノプリにも。モノプリはこぢんまりして、シックで、上品で、おしゃれなところはいかにもフランス的。お財布に余裕があれば、何にでも飛びつきたくなります。真鍮《しんちゅう》ボタンのついたカシミアのマリニエール（セーラー風のTシャツ）だってあるんですから。

家でくつろぐときは、レギンスに男性用の大きなシャツ、平らなバレリーナシューズ。時々アクセサリーとして、さまざまなエスニックジュエリーの中から何か選ぶのだとか。

アンヌ・ド・ファイエはわたしがフランスに来て最初に知り合ったひとりで、当時はコルベール委員会の広報担当ディレクターでした。コルベール委員会はフランスの高級ブランド各社で構成される権威ある組織で、アール・ド・ヴィーヴル（生活美学）を世界に発信、広めることを目的としています。

彼女とは仕事で知り合い、以来折に触れて連絡を取り合ってきました。フランス人のシックな美しさは、磨かれてきた伝統と独創性が融合して生まれたものではないか。そう考えるわたしにとって、それを地で行くような彼女は、まさにロールモデル。常に流行の先端を行きながら、決して自分らしさを失わないのです。

ある秋の日、わたしはアメリカ人の友人、ジーンとカクテルパーティに出席しました。装いをばっちり決め、ふたりとも自信満々。長くフランスに住んでいるとわかってくるわね、やっぱり違ってくるわね、と。

そこへアンヌが入ってきたのです。自然で、上品で、飾り立てたわけでもないのに、周りの目を惹きつけて離さない。新しいドレスはその秋のトレンドでしょう。言葉もありませんでした。

シンプルで、落ち着いて、エレガント。それ以上のものがあるでしょうか。ジーンとわたしは、やっぱり違うわね、と言わんばかりに目と目を交わし合い、シャンパンをもう一杯注《つ》ぎに行ったのでした。

最新の流行に敏感で、すぐとり入れるからといって、長く使えるものを買わないということではありません。それはアンヌを見ていればわかります。あのカクテルパーティからすでに十年は経っていますが、今でもきっとあのドレスを着ていることでしょう。

あるときワインを楽しみながら、スタイル、エレガンス、魅力について話し合いました。その日の彼女の装いは、チャコール色フランネルのペンシルスカート、薄いグレイの長袖カシミアのTシャツに幅三センチ弱の茶色いベルトを締め、明るいブラウンの衿なしレザージャケット、黒いオペークタイツ、フラットな黒いバレリーナシューズ、そして大粒のグレイの真珠（本物でしょう）。

話題がそれたのは、スタイルに関する質問に彼女が答えようとしたときでした。女性が着ている服についてではなく、服を着ている女性について話しはじめたのです。

「やりすぎるのは不安だからでしょうね。エレガンスはいろいろなものを通して伝わってくる。服装からだけではないのよ。つまり、服が女性をエレガントにするのではなく、女性が服をエレガントに見せる。動き方、話し方、メイク、ヘアカット、カラー、そうした一つひとつのまとまった全体から醸し出されるものなのよ」

イヴ・サンローランはこう言っています。

「服装において大事なのは、それを着ている女性その人なのだということを長年かけて学んできた」

31

着心地のよさはスタイリッシュの条件

大学を卒業して最初に得た仕事は「ウィメンズ・ウエア・デイリー」誌の編集。多くの人々はこの職場を、ファッションジャーナリズムの大学院と受け止めていました。

必ず与えられる課題のひとつが――仕事の拠点がニューヨークの外であろうが内であろうが――既製服のコレクションのあとで購入を決めた女性（時に男性）にインタビューすることでした。

目的は、オーダーの内容を具体的に聞き出すこと。

インタビューの対象は、バックステージの様子を見ていた人たち、次々に登場するコレクションに最前列で目を凝らしていた人たち、デザイナーと親密な関係にある人たち。

ステージに登場したコレクションを自分たちのスタイルビジョンとミックスさせ、可能性を読み取って購入を決めたバイヤーたちです。

大店舗を展開するファッションディレクターもいれば、自分の名前を冠するブティックのオーナーもいます。

今日、ファッション界のリーダーと目されているひとりがマリア・ルイザ・プマイユ。メディアは彼女の意見を求めて新しいトレンドを探り、顧客はそのアドバイスを信頼してワードローブを造り上げるのです。

一九八八年には夫のダニエルと「マリア・ルイザ」をオープン。豊かな才能がきら星のごとく集まるファッション界でみるみるうちに地位を確立し、国際的にも広く認知されるようになりました。確固たるビジョンと先を見抜く研ぎ澄まされた感覚が、個性あふれる斬新なスタイルを打ち出してきたのです。

マルタン・マルジェラ、アン・ドゥムルメステール、ヘルムート・ラング、リック・オウエンス、アレキサンダー・マックイーン、ニコラ・ジェスキエール、クリストファー・ケインといった才能を世に送り出してきた彼女には、理想的なパートナーシップと言えるでしょう。

春も終わりを告げようとするある日、リヴォリ通りにあるオフィスを訪問しました。

現れた彼女の装いは、黒いシルクのズボン（三年着用）。自身がデザインしたボートネック、ドルマンスリーブの、ゆったりとした黒いシルクブラウス（一年）。袖を折り返した白い麻のブレザー（六年）は、これもサイドを大きくカットしたゆとりのあるデザインでした。

さらに、大きなブラックレジンのブレスレット（八年）。真珠の光沢を放つ大きな平たいシェルを、黒いレザーコードにつなげたネックレスは、ベルトのバックルに届くほどの長さ。フープのイヤリング。黒いローヒールのボティーヌ。黒いサングラス。そして、真っ赤な口紅。

クラシックなようでいて、そうではありません。ともすると、まじめで、退屈で、おもしろ味のない定番アイテムを組み合わせているのに、ゆったりとしたルーズな雰囲気が、とてもシックに見えるのです。その秘訣はカットの違いにあります。

彼女をすばらしいと思うのは、その目線がわたしたちの側にあるところ。ファッション界で評価されたりデザイナーの名前を高めたりするだけでなく、自分の買い付けた服を着た顧客が、周りから「すてきね」と言ってもらえるようにしたいと考えているのです。

「着ていて心地よいものでなければスタイリッシュには見えません。たとえば、ブレザーとペンシルスカート。着ていて、着づらいからもっとソフトなほうがいいな、と思っても、思っているようなソフトな感じのものは手に入らない。逆なんですよ。まず着やすいものを先に探さないと」

彼女に言わせると、わたしたちはもっとスカートを多用すべきだそうです。「特に脚のきれいな人はね」と言って、理想とするスカートを描いてくれました。ポイントはウェスト。Aラインではありません。Aラインは年を取って見えるからだと。裾は膝上二、三センチぐらい。

何か買うときは第一印象が大切。ひと目惚れしたものを買うように、とマリア・ルイザは言います。

エスニック調も反対ではないが、それに偏るのも考えものだとのアドバイス。「自分に合ったもの、自分を表現できるものにすること。自分の形とは何か、まずそれを考えてスタートすることです」

アンチ・ステータスシンボルも提唱。ブランド品は、心が不安定な人たち、浪費できるお金のある人たちに任せなさい、と。

最後のアドバイスは「直感で好きになれないものを買ってはいけません」。

これほどシンプルかつベストなアドバイスがあるでしょうか。誰でも一度は経験があるはずです、直感で好きになれないものを買ってしまったことが。そして、そういうものは手も通さずにクローゼットにかかったままとなるのです。

32

アクセサリーで個性は無限に広がる

アクセサリーには不思議な力があります。女性にパワーを与え、個性を輝かせ、心の余裕を生んで、自信と創造力を引き出します。アクセサリーは服よりも雄弁にその人のスタイルを伝えてくるのです。

おしゃれで機能的なワードローブ造りは、そのベースが決まりさえすればさほど難しいことではありませんが、相手の心にどんな印象を刻むことができるか、それはアクセサリーの選び方で変わってきます。

フランス女性はその選び方が上手。常に感覚を研ぎ澄ませ、センスを磨く彼女たちは巧妙です。時にはひらめきによる独創的な使い方で古いものの命を蘇らせてしまう。その才能は、流行とは関係のない、彼女たちの審美眼から生まれるものなのでしょう。

そのあしらい方によっては、同じリトル・ブラック・ドレスを二十五年も着ることができます（もちろん、カロリーの摂取量に注意することも必要ですし、あらゆる努力むなしくリフォームを余儀なくされることもあるでしょう)。

実はわたしもその必要に迫られ、洋裁師のマダム・スニーディーにノースリーブのドレスに袖をつけてもらいました。リフォームしたのを感じさせない腕はさすがで、誰が見ても、最初から袖がついていたと思ってくれるに違いありません。ふたりだけの秘密です。

彼女はまた、一九八〇年代の肩の張り出したジャケットやコートも今風のすっきりしたスタイルに変えてくれました。考えてみるとあの肩パッドも、アクセサリーと呼べるかもしれませんね。

気づかれないように手を加えるのは、フランス女性の得意とするところです。服がキャンバスなら、アクセサリーはアーティストの腕の見せどころ。何でもないシンプルな服を、人を振り返らせる装いに変え、同時に、着ている人のセンスと個性を雄弁に伝えてくるのです。

世界のファッション界を長く見てきて言えるのは、デザイナーの表現を生かすも生かさないもアクセサリーの使い方ひとつ、ということ。服のよさが出ないのは服そのものに問題があるからではなく、アクセサリーなど小物の使い方、つまり細部に問題があるからなのです。ステージの上と観客の両サイドを観察してきてわかりました。

思えば、わたしはアクセサリーに対して臆病《おくびょう》でした。持っているものは、おしゃれなバッグがひとつ、誕生日に母から贈られたゴールドのブレスレットがいくつか、一連の真珠のネックレス（豪華なシャネルとは大違い）、スカーフ（ショールではないので滑り落ちてしまう）、赤と明るい青紫の革手袋ぐらい。

すべてがばらばらで、自分をどう表現したいのかビジョンもなく、ただそこにあるから身につけていただけで、フランス女性から学んだことを何も生かしていなかったのです。そうして、楽しいことを楽しむチャンスまで失っていたのでした。

そんな日が嘘《うそ》のように、今ではアクセサリーをいろいろ買い集めています。アクセサリーのない生活はもはや考えられず、パソコンの前に座っているときも何かしら着けています。スカーフはすでに服の一部となっており、着けていないと忘れ物をしたようで落ち着きません。

最近は、真珠のネックレスをよくします。白だけでなく、ピンクを珊瑚《さんご》のネックレスと、グレイを大きな丸いペリドットをつなげたものと重ねることも。ニューメキシコ州アルバカーキにいたときに買ったトルコ石や、夫の母から贈られたネックレスは、ラピスラズリと合わせると、青と青の重なった感じがとてもシック。

以前だったら思いつかなかったに違いない、こうした組み合わせができるようになったのは、間違いなく、フランス女性のアクセサリーの使い方を学び、「吸収」してきた成果です。

ココ・シャネルは二度にわたって女性を解放しました。一度目はコルセットから、二度目は人造の宝石でもシックに見せることができるのだと。人造のものと本物を組み合わせたりもしました。フランス女性は常に新しい可能性を拓《ひら》いているのです。

アクセサリーの存在意義もそこにあります。つまり、組み合わせることによって最小のものから最大の効果を引き出し、自分のコントロールできるもので自分らしさや個性を表現すること。それって、楽しいでしょう?

33

組み合わせで「最先端」をアピール

アクセサリーを上手に使えば、ファッションの先端を行くこともできます。フランス女性の多くはある程度の年齢になると、ニュートラルカラーを基本にしたワードローブを組みます――黒、グレイ、ネイビー、ベージュ／ブラウン／キャメル系など。ですから、スカーフやショール、靴、ベルト、ブレスレット、手袋、ネックレス、あるいは、それらを組み合わせて使えば「最先端」をアピールできるのです。

いっときシルバーのバッグが流行《はや》ったことがありました。友人のアンヌ＝フランソワーズはいつもマリテ＋フランソワ・ジルボーを愛用しているのですが（これだけで彼女のスタイルがおわかりでしょう）、革ではなくビニールを求めました。それによって「流れはわかっているけど、一時的な流行にお金はかけない」意思をはっきり示したのです。

近隣の町でアンティークショップを経営するブリジットは、シルバーのジュエリーをたくさん着けます。どんな服にも毎日たくさん着けるのが彼女の「らしさ」となっています。

「でも、イヤリングだけは駄目なの」と彼女は言います。「うまく言えないんだけど、自分じゃない気がするのね。クレオールがいいなと思ったこともあるけど、なんだか落ち着かない。いつも着けるジュエリーは『わたし』自身なのよ。それがないと裸になったみたい」

その彼女がいつも着けているのは、幅もデザインもさまざまなブレスレットを腕にいっぱい、指輪、そしてネックレスは重ねることも。時には黒いシルクコードにつなげたアミュレット。チャームやチェーンをすることもあります。

先日、知人のナデージュ・ド・ノイリーとランチをしました。

首にはいつものように、チャームをいくつもぶらさげた特注のネックレス。天然石、文字を刻んだもの、譲り受けたもの、長年のあいだに家族から贈られたものが、じゃらじゃらとかかっています。

「もうわたしの一部よ。お守りみたいなもので、一日中触っているわ」と、そのきっかけを話してくれました。

「簡単なの。チャームブレスレットのように重さに耐えられる十八カラットの『ワイヤー』を特別につくってもらったの。もちろん首にかけるためよ。どんな服のときでも、いつも着けているの」

すごいボリュームで、見るからにゴージャス。ご主人やお子さんたちは、何をプレゼントしたらいいか思い浮かばないと、すぐチャームをくれるのだとか。二十五セント硬貨より少し大きいサイズで、どれも意味のある大切なものです。

では、アイテム別に詳しく見ていきましょう。

おしゃれなフランス女性はその鋭い感性で、ベーシックなものだけでなく小物の数々にまで目を向けて、黙っていても自分らしさを表現できるものは何なのか、見極めていきます。なんとフランス的なのでしょう！

●結婚式にこそすてきな帽子を

寒いとき、結婚式、陽《ひ》ざしの強いとき。それ以外の場面で帽子を見ることは残念ながらあまりなく、クローゼットにしまい込まれているものも少なくないようです。

それでも気温が下がってくると、街にはニットのクローシュやベレー帽が登場します。すてきな帽子が見られるのは結婚式。そして、なんといっても競馬場。めったに見られない奇抜で個性的なデザインが競い合い、大会を盛り上げます。帽子もすばらしいけど、選んだ女性の勇気もすばらしいですね。

ディオールをはじめとする何人かのデザイナーが発表したカプリーヌ。つばが肩にかかるほど広く、すっぽり包み込まれてしまうインパクトのある帽子です。

パナマ帽もいたるところで見るようになりました。素材を生かした色だけでなく、さまざまなカラーで。期間は短いけど、すてきな帽子が目を楽しませてくれます。

●バッグは自分のスタイルで選ぶ

フランス女性はバッグと靴をお揃いにしません（あなたもおそらくそうでしょうが）。色は揃えても、靴はエナメル、バッグはスエードというように。質感の違いがすべてを変えます。

ハンドバッグで人気があるのは、ノックアウトカラーのケリー、バーキン、シャネルなど、個性的な主張の強いバッグです。時間をかけて探せば、ブランドもののアパレルやアクセサリーを扱うリサイクルショップで、すてきな色合いのものが運よく見つかるかもしれません。一生使えるいいものを、という方は黒や茶色を選ぶようです。パリの街中でブログ用の写真を撮らせてもらった、おしゃれですてきな女性がいます。何度か撮らせてもらったのに、名前は訊ねたことがありません。夏はストローバッグですが、それ以外はいつもバーキンを肩から下げています。それが、見るたびに違うバーキン。茶色、ライム、モーブ（藤色）、赤……もっと持っているのかもしれません。

道行く女性や友人たちがデザイナーバッグばかりかと言うと、そうではありません。それより周りとは違うものを探そうとします。どんなに時間をかけても、ほかの店とは違う品揃えをしたブティックをまわり、無名のデザイナーのものや独特なデザインで自分に合ったものを探そうとするのです。

ファッション界の豊かな才能を発掘してきたことで知られるマリア・ルイザ・プマイユは、アーティストの目で選んだ服やアクセサリーを自身のショップで紹介してきました。その彼女が驚くのは、アクセサリーがステータスシンボルとされることだと。

「自分らしさはどこへ行ってしまうのかしら。ブランドはこれ見よがしで嫌ね」

必要は発明の母である。よく聞く言葉ですが、ヴァネッサ・ブリューノは、母親になって、あのヒット商品を考えついたのだとか。

今ではすっかり有名になったキャンバス地のトートバッグ。ハンドル部分にシークインを施したかわいいデザインはコピーされるほどの人気ですが、元はと言えば彼女自身のニーズから生まれたもの。

「娘が生まれてから急に持ち物が増えて。いつもバッグに入れていたもの、仕事で必要なもの、それに赤ちゃん用品。ほら、哺乳瓶《ほにゅう》とかもあるでしょう」

それで、丈夫で、たくさん入る、かわいいバッグがほしくなったのだそうです。

ワードローブ造りに貴重なアイデアを提供してくれたギャラリー・ラファイエットのパスカルも、自分のスタイルに合ったものをとことん探すべきだと言います。提案されたアイテムの中には、もちろんブランドものもありましたが、それに代わる選択として、あまり知られていないけど、品質のよい、価格も手頃なものも推薦されていました。

●靴は修理で何度も生まれ変わる

靴は単純に「組み合わせ」のきくものではありません。まず、歩きにくいものは除外。そのためヒールの高さが問題になります。

「十センチ以上のヒール？」。うっとりするほど魅惑的なランジェリーのデザインで知られるシャンタル・トーマスは、一瞬、考えるようにして答えました。「もちろん履くわよ。でも、昔とは違う。車の中では楽なシューズ。道路を踏む直前にスティレットに履き替えてパーティに向かうの」

彼女のようにスカイハイヒールを履く機会のある人たちでも、バレリーナやモカシンのよさは認めています。おしゃれで、年齢に関係なく履けて、動きやすい靴だと。

七十代以上の女性は、フラットなバレリーナを「履きやすい靴」と考えているようですが、実際に、履きやすい靴であることは間違いありません。エレガンスと履き心地のよさは対立するものではない。そのことはフランス女性がいつも示してくれています。

彼女たちはどの年齢でも、バレリーナを何足かと、モカシンを少なくとも一足は持っているでしょう。さらに、ソフトレザーのハイブーツを一、二足。一足は黒、もう一足は茶色で、どちらかがヒール付きでしょうか。ボティーヌはフラットでも中ヒールでも、パンツや、スカートとオペークストッキングとよく合います。かつて流行ったアンクルブーツも意外と年齢を感じさせません。

靴が大好きで、たいへんな数を所有している人でも（共感される方もきっといらっしゃるでしょう）、ベーシックなものはきちんと押さえているでしょう。黒のキッド、スエード、エナメルのパンプス、春夏用のバックベルト、シーズンを問わないヌードレザーなど。そのニュートラルなワードローブに合わせて、靴やバッグ、ベルトなどの小物を上手に使えば、装いの幅を広げ、彩りを添えて雰囲気を一新させることができます。

宝石などの色、たとえば、ルビー、サファイア、エメラルド、フクシア、濃いモーブ（藤色）、ライムグリーン、コーラル、コバルトも効果的。夜は、ストラップ付きのサンダル、黒いサテンのパンプス、バレリーナ（少なくとも一足は深い宝石の色で）など。ゴールドかブロンズのサンダルは、肌色の濃い方に特にお勧め。夏はフラットまたはウェッジヒールのエスパドリーユ。あたたかな季節用にフラットなサンダルも何足か揃えているかもしれませんね。

これまで繰り返し述べてきたように、フランス女性は節約を旨としているので、服でもアクセサリーでも手入れをしながら大事に長持ちさせます。いわゆる「サポーター」の存在が欠かせません。

ムッシュ・コットもそんなひとり。靴の修理屋さんですが、修理以上のことをしてくれます。もう寿命と諦《あきら》めかけていた靴が彼の手で何度息を吹き返したことか。サンダルを元通りに縫い合わせたり、底を張り替えたり（何度も）、色も塗り替えたり。黄色いバックベルトのサンダルは、一度目はフクシアに、二度目はボルドーに変身。次はおそらくネイビーに、最後は黒に生まれ変わることでしょう。スエードのバレリーナも、キャメルからボトルグリーンに。

定期的に修理しているものもあります。ブーツはシーズンが終わるとヒールと底をチェックして、ポリッシュ。靴はたちどころに蘇るのです。魔法使いの手で。

次は、スポーツシューズについてお話ししましょう。「スポーツ」と言うくらいですから、もともとスポーツ用につくられたもの。履きやすく安全性にも優れているので旅行用に最適とされていますが、正直に言って、それでいいのだろうかと思わずにいられません。スポーツシューズほど効率的かつ効果的に、すべてに取って代わりうるものがあるでしょうか？

　デルビィは履いていて楽しく、安全性もうたっています。つくりのいいモカシンと同じ。コンバースのハイカットは、母と娘、祖母と孫娘が履いているところをしばしば目にしました。フェミニンなスニーカーとしてフランス女性に人気があるのがベンシモン。かつてはキャンプ行きに推奨され、その後ファッショナブルな方向へ展開していった、ケッズ・アメリカンに似た感じです。

34

手入れすれば いつまでも輝き続ける

見ているだけで楽しくなるジュエリー、いいですね。気楽に楽しむものは別として、高価な宝石だったり感傷的な思い出が詰まっていたりするので、ジュエリーは最もパーソナルなアクセサリーと考えられます。身につけている人の延長、個性の一部となっているからです。

大切な品々の中には、フランスの場合、十六歳の誕生日に贈られた真珠、それ以前にプレゼントされたチャームブレスレット（チャームがいっぱいになるには時間がかかるでしょうが）、幅の違うゴールドのチェーン類、長いあいだに所有することとなった指輪など、買ったりプレゼントされたりした品があるでしょう。

大きさもさまざまなゴールドやシルバーのフープイヤリング、クレオール。ゴールドのチェーン。そして、祖母や母、恋人から贈られたシンプルなダイヤのイヤリングなども。

アメリカ人の友人、バーナ・ヒューブナーはパリに三十年以上住んでいます。あのゴージャスなチャームネックレスのナデージュを紹介してくれたのも彼女で、ナデージュのことを「わたしのミューズ」と呼んでいます。なんでも、初めてネックレスを見たときにすごい衝撃を受け、自分もすぐつくろうと思い立ったのだとか。それ以来ずっとチャームを集めています。

ナデージュは彼女に宝石職人の名前を教えたそうです（わたしにも）。フランス女性は自分の知る情報を共有したがらないと言われますが、わたしの知人や友人はみな親切に教えてくれます。

特定の宝石職人を持つことは究極の贅沢です。といっても、あなたが思っているだろう理由からではなく、今ある恐怖を美しい宝物に変えてしまうから。節約にもつながります。

わたしが依頼しているピエールは、昔のボーイフレンドからもらったダイヤとサファイアの指輪を、前の夫から贈られたオペラサイズの真珠のネックレスの留め金に細工し直してくれました。娘への婚約プレゼントに変身させてくれたのです。

サイズも重要な問題ですが、ジュエリーについて言えば、小柄で華奢《きゃしゃ》な女性がよく巨大なブレスレットや指輪、ネックレス、ブローチをしています。それがまた、よく似合っているんですね。

もちろん、すべてを同時に着けているわけではありません（たいていは）。それがスタイルなのです。見ればすてきとわかっても、自分でやろうとすると難しい。でも、学び取ることはできるはずです。

●ジュエリーの着けすぎにご用心

鏡と仲良くなってください。やりすぎかなと思ったら、やりすぎ。余分なものを取り除きましょう。

知人のアンヌ＝マリー・ド・ガネーはとてもおしゃれで、エスニック風のジュエリーを多く持っています。特定の国へのこだわりはなく、判断の決め手は、大きくてカラフルなもの。エスニック以外のものもその基準に合っているので、何にでも組み合わせがききます。

「楽しいわよ」と目をきらきらさせながら、宝物の詰まった箱に手を伸ばしました。

「こういうのをロングスカートと、ザラのトップスに合わせるの。どうかしら?」

親友のアンヌ=フランソワーズは数年ブラジルに住んでいたこともあって、パリではあまり見かけない美しい品々を持っています。特に大事にしているのが、ダイヤで飾ったパステルカラーの大きな天然石。エメラルドやルビーにも抵抗感はないようです。

帰国後に身につけている指輪やイヤリングを見るたびに、彼女が向こうにいるうちにリオを訪ねておけばよかったと後悔させられるのです。昔から大事にしているコレクションもあります。模造の石は見たことがありませんが、本物でも遊び心を表現できる人です。

そんなわけで彼女に会ったときは必ずチェックを入れ、見たことのないものだと「初めて見るわ」と言うのですが、彼女は「そんなはずないわ。何年も前から着けているでしょう」と(時には「ええ。ダニーからの誕生日プレゼントなの」と言うこともありますが)。

彼女にはお嬢さんが三人いて、そのひとりは、わたしの娘にとって最初のフランス人の親友。いろいろなジュエリーを揃えて楽しんでいます。家族の宝箱から来たものあり、母親からのプレゼントあり、ブラジルでつくったものあり。

フランス女性の場合、ジュエリーに対する好みは人それぞれのよう。たとえば、アンヌ＝フランソワーズは指輪に夢中で、ブローチやイヤリングはよくしていますが、ネックレスは、大きな天然石をゴールドのチェーンにつないだものを除いて、めったに着けません。

アンヌ＝マリーは指輪とブレスレット。ケイティーは、大粒の白い真珠を細いゴールドチェーンにつないだネックレスを常に、泳いでいるときも着けています。マリアンヌは、見たところ何でも好きなようですが、必ず着けているのは一センチ以上もある幅広の結婚指輪。ダイヤがちりばめられています。

もうひとり親しくしている友人は、丸いカットのサファイアをダイヤで囲った指輪をいつもしています。婚約指輪だったのでしょうか。

わたしはイヤリングが大好きで、ブレスレットも好き。ネックレスの中にはめったに着けないものもたくさんあります。どれもひと目惚れして、買い求めたものなのですが。

次に、時計。フランス女性はたいてい、大事にしているひとつの時計をいつもしていて、夏になると「楽しい」感じのものもするようです。中には楽しむことはまったくせず、一生もののクラシックなタイプを毎日している人も。

わたしは、ふたつ持っています。ひとつはカルティエの男性用タンク。時々バンドを替えて明るい色にすることも。もうひとつは夫がくれたイブニング用のシックなもの。ダイヤが埋め込まれており、バンドは彼の母のものだった黒いサテンを使っています。

●ベルト代わりにスカーフを

フランス女性にとって、年齢はまったく関係ないようです。昔よりウエストがちょっと太くなったからといって、どうしてベルトを使わなくなるの？　気になることがあれば、気にならないようにすればいいじゃない。そう考えて、すぐ使わなくなったり捨てたりはしません。

それよりベルトの使い方を変えます。ゆるく結んだり、低いところで留めたり、重ね着した上に使ったり。若い頃のようにきゅっと締めつけるようなことはしません。

ベルトの代わりにスカーフもお勧め。特にズボンのときは。

フランスの女性はスカーフの使い方がとても上手。疑いようがありません。

フランスに来るまえのわたしは、スカーフの使い方はふたつしかないと思っていました。もこもこしたニットのマフラーは、首に巻いて寒さ対策（ちなみに生まれはナイアガラの滝近くです）。そして絹のスカーフは、三角にたたんで頭にかぶって顎の下で結び、颯爽とオープンカーに乗るためのもの。

その後、仕事でパリに来て、女性たちがスカーフを単に実用に供するだけでなく、おしゃれのためにそれぞれ独創的な結び方をしているのを目にしたのです。急いで家に帰り、すぐ記事にしました。同時にコレクションを始めました。今では気恥ずかしくなるほどの数になっています。

ここで自信を持って申し上げておきましょう。スカーフは自己を表現するための最もシンプルな手段。上手に結べるようになるには練習が必要ですが、そうする価値は十分にあります。

ただし、結び方によっては「老けて」見えることも「若く」見えることもありますから、「ダサイ」と感じたら、すぐほどいて結び直しましょう。

肩にかけて落ちないようにするにはどう結べばいいのか。コツをつかむまで時間はかかりましたが、なんとかフランス女性のように結べるようになりました。慣れないうちは、肩の端にブローチで留めるといいですね。落ちないし、気のきいた感じになります。練習すればあなたもじきに、スカーフを使いこなせるようになるでしょう。

ショールは上半身を寒さから守ってくれるだけでなく、平凡なジーンズとブレザーと白いシャツの組み合わせを、リトル・ブラック・ドレスの上品な趣きに変えてしまいます。シンプルな服を、目を見張るような装いに。たっぷりした黒のカシミアショールが一枚あると便利ですね。さらに、ニュートラルなワードローブに彩りを添えるものがあるといいでしょう。

35

ランジェリーが期待と予感を高める

　衣装戸棚のランジェリーの中で、かつてわたしが自慢にしてきたのは、カラフルで（「カラー」がキーワードです）、長持ちする、サポート機能に優れた、安心できるアイテムでした。カラーは大胆な主張をする――そう長いあいだ信じていたのですが、間違いだったようです。

　今では、そうした従来からのものに加えて、レースがいっぱいついたセクシーなデザインのものをいくつか持っていますが、そうしたものを肌に着けると、なぜかぞくぞくしてくるのです。しかも、サポート機能まで申し分ないのですから、言うことはありません。

　ひとつはっきり言えるのは、すてきなランジェリーを身につけているとわくわくしてくること。心の持ちようから身のこなしまで変わってきます。誰も知らない自分だけのもの。そこに秘めた期待と予感が、服の下に隠れて外から見えない個性の一面を支え、力に変えてくれるのでしょう。

パソコンの前に座っているわたしが身につけているのは、セクシーとは言いがたいグレイのコットンですが、一応、上下お揃い。フランス人の母親が娘に言い聞かせるルールに則《のっと》っています。いわく、外出するときも家にいるときもお揃いのランジェリーを身につけなさい。

一方、アメリカ人の母親は、いつも清潔な下着を、と娘に教えます。これは事故に遭った場合を危惧《きぐ》して言っているのですが、フランスの母親の頭にはボーイフレンドのことがあるのでしょうか。これぞまさしく文化の違い！

有名なランジェリーのデザイナー、シャンタル・トーマスに言わせると、ランジェリーに無頓着な女性もいるが、関心を持っている女性には、その見えない力がわかっている。ランジェリーは、身につけている女性の歩き方、身のこなし、仕事の仕方まで変えてしまうのだと。

自身の華やかな作品を「フェミニン、色っぽい、心地よい、小生意気」と語る彼女ですが、いちばん強調するのは着ているときの心地よさ。

「着ている女性をいい気持ちにさせるものでないとね」

よく「フランスの女性は絹のランジェリーしか身につけない」と聞いたり読んだりするので、友人たちに訊いてみたところ、ひとりを除いた全員からノーという答えが返ってきました。

ケアがたいへんだ、とアンヌ＝フランソワーズ。「手洗いにアイロン、そこまではなかなかね」。もちろん何枚か持ってはいるが、最近はもう着なくなったとか。もうひとりの友人は、「時間のある若い頃はよく着たわ。洗濯やアイロンをやってくれる人でもいればいいけど。それに、自分のためにではなく誰かのために着ることが多かったわね」。

長い付き合いのジェラルディンは、小さな引き出しをシルクのブラとパンティとキャミソール専用にしていて、元気の出ないときは、そこから取り出して着るのだとか。普段着るのは、デザインはかわいいけれど手入れの簡単なもので、これは大きな引き出しに入れています。

おしゃれな絹のランジェリーをパリで見つけるのは難しいことではありません。ちょっとした店に行けば、価格も「手頃」で特別なケアを必要としない商品が見つかります。良質なシルクになるとお値段もびっくりですが、デリケートに取り扱わなければばなりません。

びっくりする価格といえば、パリ人が贅沢のひとつとするオーダーメードの高級ランジェリー。噂《うわさ》は耳にしても、この本を書きはじめるまで本家本元を訪ねてみようとは思ってもいませんでした。

さっそく有名なマダム・プーピー・カドールのところへ電話を入れました。目を奪うランジェリーで女性の魅力を引き出す、美の創造者です。

淡いピンクのソファに腰を下ろし、女性はなぜバストを保つのに六百五十ユーロ(最も安価なもので)もの大金をはたくのかという話になると、マダム・カドールは真剣な表情を浮かべました。

世界のランジェリー業界は、美しいバストラインをつくって長く保つための肝心な情報を、顧客の女性たちに伝えていないというのです。たいていの女性は間違ったタイプを選んでおり、それがシルエットにも影響していると。「残念なことに、正しい採寸の訓練を積んで、的確なアドバイスのできる人材はほとんどいません」

だったら、既製品のブラを買うときはどんな点に注意したらいいのか。マダム・カドールのアドバイスをご紹介します。

・バストを支えるカップの縫製がしっかりしていること。
・バストを安定して支えるには、ストラップが、一般に信じられているのに反してストレッチ素材でないこと。
・背中の、ストラップとベルトのつながる部分はある程度の弾力性があること。
・背中部分のベルトが上がってこないこと。背中のベルトが上がると、バストをサポートする力が落ち、ずり落ちてくる（バストが垂れ下がってくる）。

サロンには選りすぐりの商品がいっぱい。色とりどりのコルセット、ナイトガウン、キャミソール、タップパンツ、ゴージャスなハイテク補整のランジェリー、ローブ、ガーターベルトなど。

マダム・カドールは、ガーターベルトから解放されて喜んでいる女性が多いのは残念だとして、「フェミニンでセクシーですからね。もう空想の世界のものとなってしまいました（男性の空想？）」と言ったあと、こうも言い添えました。「それでも、花嫁にはまだ人気がありますね」

36

楽しく生きることで、若さは保たれる

若さを保つ秘訣は何か。知人のフランス女性に最近そう訊ねたとき、年齢に関係なくほとんどが「恋」と答えました。ある雑誌に、恋をすると心と体と肌がきれいになるという記事が出たので、それを意識していたのかもしれません。

それに加えていくつかの指摘もありました。体にいい食事、時々はワインを楽しむ、運動、常に脳を刺激する、リラックスする、深い友だち付き合い、そして、ストレスや心配事、老いに対する不安を達観する、など。

セ・ラヴィ、それが人生さ。フランス人が普段なにげなく口にするこの表現は、意味のない言葉ではありません。人生にはいいことも悪いこともある。困難な状況を受け入れたときに「セ・ラヴィ」となるのですが、だからといって諦めるのではなく、これまで通りの努力を続けていきます。年を重ねたフランス女性は特に、日常生活の中で楽しいことや美しいものを演出して人生を楽しみます。

人生を前向きにとらえて目的を持って生きること。それが若さと美しさを保つのです。

問題はアンチエイジングではありません。どんなに手を尽くしたところで時は流れ、わたしたちは年を取っていきます。だからこそ、自分を大切にして、心や考え方を(そして、もちろんスタイルも)養わなければならないのです。スタイルには、いくつになってもその人の個性が映し出されます。

やっても無駄だとか、誰も気にしてくれないし気づいてもくれないと思ってはいませんか? フランス女性はそういうふうに考えません。いつもベストな自分でいること。それが若さと元気をくれる究極のレシピです。

おわりに

フランス女性のように、すてきに年を重ねたい。その思いを込めて綴《つづ》った本書も最後となりました。

フランス女性のように――この言葉に秘められたニュアンスはきっとおわかりいただけることでしょう。年齢なんか関係ない。それについて疑問の余地はありません。フランスに住むようになってから学んだことは、わたしの人生をいろいろな点で大きく変えてくれました。

もしフランスに来なかったら、今のわたしにはなっていなかったと思います。二十五年を超える歳月のあいだに、身体的な面だけでなく、行動の仕方や考え方まで大きく変わりました。

まず、身体的な面。

外側を磨きたいのはもちろん、充実した毎日を送りたいと考えていましたから、内側からのケアにも力を注いできました。フランス女性はおそらくもっと真剣に取り組んでいるに違いありません。結果は外側に表れますから。

成功と失敗と妥協を繰り返しながら、それでもできる限りのことをやってきて、結果が、手段の正しかったことを証明してくれました。しかし、これは息の長い全面戦争であって、短期間で終わる闘いではありません。今後も防護作戦を続けていくことになります。

ルールは、確信を得た結果に基づいたものでなければなりません。頭の中にある考えを行動に移し、何度も試行して確信を深め、現実に変えていくのです。毎日少しずつ。

習慣ができるまで毎日続けられるかどうか、それはひとえに自覚と自尊心にかかっています。努力を伴わないエレガンスは幻想に過ぎません。それでも、何よりのメリットはやっていて楽しいこと。そして結果が見えてくること。

鏡を見てみましょう。肌は潤いを帯び、髪はほどよく揺らぎ、体形もスリム（痩せすぎは誰も望みません。もちろんわたしも）。自分の姿に新たな自信が湧いてきます。

まさにウィンウィン。ケアをきちんとすることで、心も体も若々しく、健康で、おしゃれで、溌剌と見えてくるのです。

やると決めたことはやる。そう決心して自分に言い聞かせ、確実に実行してきた今、心も体も解き放たれた気分です。

シャワーのときはゴマージュを忘れず、終わったあとはローションをたっぷりつけています。それでも、セルライトとの闘いは長く続きませんでしたが。

初めから予想はしていたものの、どっちつかずに終わったこと、妥協したこと、成り行き任せにしたこともあります。

パソコンの前に座るときはノーメイク。フランス女性だったら考えられません。外出の予定はなくても、水道メーターの検針員や郵便配達が絶対に来ないとは言えないのです。来たらどう思われるか？　何と言われるか？……もう、どうでもいいわ、というのがわたしの正直な気持ちです。

それでも朝になれば、敏感肌用の化粧水を吹きかけ、アンチエイジング効果のある昼用のセラムとクリームを塗り、これでもう大丈夫とばかりに仕事に向かいます。髪はポニーテイルか、フランス女性がよくするようにヘアバンド。もっとも彼女たちがヘアバンドに頼るのは髪がまとまらないときだけで、わたしの髪はいつもまとまっています。ただ仕事のときは、なんとなく髪が落ちてこないようにしたいのです。

まつ毛にはアイラッシュカーラー、唇にはわずかに色のついたリップバーム。このわずかな色だけで表情が明るくなります。これもアルティフィス、つまりコツなのかも。

上は薄いグレイのユニクロのTシャツと、ボンパールの黒いカシミアのプルオーバー。衿と袖が濃淡のグレイで縁取りされた、気のきいたデザインです。パンツはH&Mのピンストライプ。グレイのフランネルでストレッチ素材。ゴムウェストのパンツは、着ていて楽そうですが、まだはいていません。

ご承知のようにわたしは何でもフランス女性をお手本にしていますが、その彼女たちが、スカートやズボンのボタンがきつくなるとゴム式に替えるのではなくカロリー摂取を控えるからです！　この点も彼女たちを見習うつもりです。

アクセサリーはまず、ウールとカシミアのスカーフ。マルチカラーのヘリンボーン柄で、これをフランス女性風に首にしっかり巻きつけます。足元は、黒、赤、グレイのアーガイル柄ソックス。靴は黒いスエードのローファー（外へ出るときは、頬にブラッシュと、あのシュウ ウエムラのアイラッシュカーラーをもう一度使い、マスカラをさっと一回)。

ネイルカラーは、足がゴージャスなフューシャプロヴォクで、手はエッシーのデリカシー。色が気に入っていて、かつ、手入れが簡単なのです。

香水はパルファム・ドゥ・エルメスをうなじと手首に毎日。うなじは夫がキスしてくれるからで、手首は自分のため。

ランジェリーは豪華なものではないけれど、上下お揃い。今日は真紅のセット。レースもしゃれた飾りもありませんが、カラーに思いを込めます。

こうして見てくると、フランスに来る前だったらどうだっただろうかと思わずにいられません。自宅にいるのは自分ひとり、見ているのは犬だけ。それでもこうして身なりを整えていただろうかと。おそらくノー。誰も見ていないのにそこまでするわけがありません。でも今は、面倒くさいとも思っていない。むしろ喜びと感じている。そこが大きく変わったところです。

何か機会があると、わたしはいつも準備にゆっくり時間をかけます。入浴、メイク、そして着るものやアクセサリーを決める。わたしにとって、期待と準備は大きな楽しみなのです。

普段のときでも、捨てる寸前の下着や、たとえシワが寄っていなくても古くさいちぐはぐな服は袖を通す気になれなくなっています。着たい気にならないし、着ても気分がよくないのです。機会などなくても身なりはきちんと整えます。朝起きて、新しい一日を迎える。それだけで理由は十分なのです。

では、考え方や生き方の面ではどうなのでしょう？　フランス女性は見た目の美しさが際立っていますが、それと同じくらいすばらしいのが、その生き方。現実をしっかり見つめ、それでいて情熱やロマンスを忘れず、落ち込んだときは元気を取り戻し、心豊かな充実した毎日を送っているのです。

ですから人間関係においても、常にいい面を意識的に見ようとします。

フランスは、哲学者を崇敬し、高等学校の必須科目に哲学があるくらいの国ですから、人間の行動についても広い視野で観念的にとらえる傾向があっても不思議ではありません。理論的にはすばらしいことだと思うので、わたしも普段からなるべくものの見方を広げ、やさしい気持ちでいるよう努力しています。

シンプル・シックなライフスタイル・リスト

わたしがフランスに住むようになってから学んで実行していることを、目に見えるものも見えないものも合わせてリストにしてご紹介しましょう。

●多ければいいというわけではない。しばしば失望を招き、絶望することすらある。
●自分の心と体のいい点を強調しよう。
●腕のいい信頼できるサポーターをそばに（仕立屋、美容師、靴屋、皮膚科医）。
●最善の投資は自分。自分だけの時間を持つ。
●ノーと言う練習をする。何でもイエスだと自分を縛りつけ、身動きがとれなくなる。
●すべての人を常に喜ばすことはできないし、すべての人がわたしを好きになってくれるわけでもない。セ・ラヴィ。
●香水を毎日つける。理由はなし。

●自分だけの喜びとなるものを持つ。一年中ペディキュアをしていれば、目にするたびに嬉しくなる。
●お金は、あとで使ってよかったと思えることに使う。ヘアカット、ヘアカラー、お気に入りのバッグ、上質な履きやすい靴など。
●広告に踊らされない。薬局で訊けば、値段も手頃で効果的な化粧品を推薦してくれる。
●皮膚科医は必要不可欠。贅沢ではない。
●整理整頓はストレスとカオスを克服する。
●努力をすれば、しただけの喜びが返ってくる。毎日おいしい健康的な食卓を準備し、花を飾り、暖炉を温かく。
●行動するまえに立ち止まって考える。衝動買い、ふたつ目のマカロン、悪口。
●会話は忘れられた芸術ではない。
●着ていて心地よい服、似合う服は大事に長持ちさせる。自信と力が湧いてくる。量より質。
●ランジェリーを見直す。

●ダイエット中であることを公表する必要はない。結果は言葉よりも雄弁。
●フランス女性にとって、チョコレートケーキは嬉しいときに食べる特別なもの。食べると決めて、精いっぱい楽しむ。ただし、癖にしないこと。
●スカーフはいくらあってもいい。

心の年齢はみな同じ　ガートルード・スタイン

〈著者紹介〉
ティシュ・ジェット（Tish Jett）
ファッション・ジャーナリスト。ニューヨーク・デイリーニューズ紙やデトロイト・フリープレス紙の編集者、ウィメンズ・ウェア・デイリー誌のミッドウエスト支社編集長を経て、インターナショナル・ヘラルド・トリビューン紙ファッション担当編集者として渡仏。シカゴ・トリビューン紙パリ特派員、エル誌アメリカ版編集部がパリにあった時代の最後の編集者を務める。フランス人男性と結婚し、フランス在住。現在は人気ブログ「A Femme D'un Certain Age（ある年齢に達した女性）」を中心としてフリーランスで執筆活動をしている。

〈訳者紹介〉
藤沢ゆき
東京都出身。翻訳家。早稲田大学第二文学部卒業。オハイオ州立大学大学院で教育学を学ぶ。主な訳書に、コニー・メイスン『ヴァイキングに愛を誓って』『放蕩者の一途な恋』（ともに扶桑社ロマンス）、ジェフリー・ロビンソン『グレース・オブ・モナコ』（共訳、角川文庫）などがある。

フランス人が何気なくやっているシンプル・シックな36の法則
Forever Chic

2016年9月10日　第1刷発行

著　者　ティシュ・ジェット
訳　者　藤沢ゆき
発行人　見城 徹
編集人　福島広司

GENTOSHA

発行所　株式会社 幻冬舎
〒151-0051　東京都渋谷区千駄ヶ谷4-9-7
電話　03(5411)6211(編集)
03(5411)6222(営業)
振替00120-8-767643
印刷・製本所　中央精版印刷株式会社

検印廃止

ISBN978-4-344-02995-8　C0095
幻冬舎ホームページアドレス　http://www.gentosha.co.jp/
この本に関するご意見・ご感想をメールでお寄せいただく場合は、
comment@gentosha.co.jpまで。

郵便はがき

お手数ですが、
切手を
おはりください。

151-0051

東京都渋谷区千駄ヶ谷4-9-7

(株)幻冬舎

「フランス人が何気なくやっている
シンプル・シックな36の法則」係行

ご住所 〒□□□-□□□□ Tel.(- -) Fax.(- -)		
お名前	ご職業	男
	生年月日 年 月 日	女
eメールアドレス：		
購読している新聞	購読している雑誌	お好きな作家

◎本書をお買い上げいただき、誠にありがとうございました。
質問にお答えいただけたら幸いです。

◆「フランス人が何気なくやっているシンプル・シックな36の法則」をお求めになった動機は？

① 書店で見て　② 新聞で見て　③ 雑誌で見て
④ 案内書を見て　⑤ 知人にすすめられて
⑥ プレゼントされて　⑦ その他（　　　　　　　　）

◆著者へのメッセージ、または本書のご感想をお書きください。

今後、弊社のご案内をお送りしてもよろしいですか。

（　はい　・　いいえ　）

ご記入いただきました個人情報については、許可なく他の目的で使用することはありません。

ご協力ありがとうございました。